中公新書 2575

友原章典著

移民の経済学

雇用、経済成長から治安まで、日本は変わるか

中央公論新社刊

まえがき

元号が平成から令和に変わった２０１９年。まわりを見渡すと、元号だけでなく、私たちの生活もいろいろと変化しているのに気づくだろう。外国の人が身近に増えたこともその一つだ。50歳代に差しかかる私が小さかった頃は、外国の人は珍しかったものである。国際連合の資料によれば、日本にいる「移民」は２５０万人にのぼる。今では電車に乗ればいろいろな国の言葉が聞こえるし、コンビニやファストフードの店員も日本人でないことが当たり前になった。また、２０１８年時点で日本にいる外国人労働者は１４６万人。その数はこの10年で約3倍に増え、07年に外国人雇用状況の届出制度が義務化されて以降、過去最高の数となった。現在の日本経済は、外国人の存在なしには語れない。

こうしたなか、外国人労働者の受け入れ拡大を目指す日本政府は、２０１８年12月に出入国管理法を改正、出入国在留管理庁の設置などを決定した。19年4月には細かな運用方針が決められ、急増する外国人を受け入れる態勢を整えようとしている。

本書は、移民受け入れの影響について、経済学的に考えるものだ（移民の定義については後述する）。すでに日本に暮らす私たちにとって、その受け入れには、良い面と悪い面がある。私たちの生活が改善されて、恩恵を享受するかもしれないし、思いもよらぬ変化があって弊害を伴うかもしれない。

そこで、経済学の研究成果に照らしながら、改善する要素と悪化する要素を洗い出していく。たとえば、移民が増えると凶悪犯罪が増えるのではないかと心配する人もいるだろう。しかし、データを使った分析によると、移民によって凶悪犯罪が増える明白な証拠はないというのが大方の見解だ（第6章）。

また、家事代行サービスや育児支援サービスが利用しやすくなり、女性の社会進出が進むのではないかと期待される。ある程度、そうした可能性が示されているが、その恩恵を受けるのは一部の女性のようだ（第3章）。

今後、日本でも移民の受け入れを増やすことで、少子高齢化に伴う労働力不足や貯蓄不足を解消するという見解もある（第2章）。貿易の振興や海外からの直接投資の流入が加速し、経済が活性化するかもしれないからだ。一方で、生産性が改善するという意見に対しては、確実にそれを裏付ける海外研究はない（第5章）。

他方、経済学の研究でも意見が分かれる論点もある。たとえば、移民が増えると私たちの仕事が奪われたり、賃金が下がったりすると懸念されるが、移民が労働市場に与える影響については、はっきりとした結論は出ていない（第1章）。私たちの税・社会保障の負担が増えるかどうかも不明だ（第4章）。

こうした論点では、相反する分析結果を見ながら、違った結果になる理由を考え、日本の場合どちらの可能性が高いかを考えていく。

経済学のアプローチでは、いくつかの条件（学歴や職種などに基づいた労働者の技能）ごとに分類して、移民の影響を分析する。そこから見えてくるのは、移民による「恩恵」があるとしても、すべての人に等しく享受されるわけではないことだ。いやらしい言い方をすれば、「得する人」と「損する人」が出てくるのだ。

では、どのような人が得をするのだろうか。また、なぜ損をする人がいるのだろう。本書ではその理由を詳しく見ていく。

こうした議論を通じて、自分がどちらの立場であるかを知ることは、移民受け入れ賛否の判断にも関わってくるだろう。どのような人が移民に賛成したり、反対したりするかについて分析した海外研究でも、経済的な損得勘定が、移民賛否の重要な要素となることが分かっている。もちろん、そうした構造を知ることで、自分は得をする側だとしても、社会全体への悪影響を考えて反対するということもありうるだろう。

一方、本書では、移民受け入れについて、道義的な観点からの議論をしない。私たちは生まれてくる場所を選べないので、経済的に豊かな国に移住したい人に、貧しい国に留《とど》まるよう強制することは人権的に問題かもしれない。また、移住先の国で不当な扱いを受け、大変な生活を強いられている移民の現状（いわゆる外国人労働者の悲惨な実情）も深刻である。しかし、そうした論点は別の書籍等に譲り、移民が私たちの生活に与える影響について、経済学的に検証された結果を紹介することに集中する。

本書を書くきっかけとなったのは、人生の3分の1をアメリカで外国人として暮らした体験だ。といっても、私は帰国子女ではなく、成人するまで海外旅行すらしたことがなかった。大学卒業後は、普通に日本で就職もした。その後20代半ばから、アメリカでマイノリティーとして暮らし始め、博士号をとり、そのままアメリカの大学で働き始めた。こうした経験もあり、移民は私の重要な研究テーマとなった。

残念ながら、日本では、移民の経済学的な研究はあまり進んでいない。移民を専門的に研究する経済学者として、近年の主要な研究成果を概観してまとめたものが本書だ。ここで取り扱う論点には、金銭的な要素だけでなく、人とのつながりのような非金銭的要素も含んでいる。伝統的な経済学だけでなく、制度の経済学や行動経済学の知見も示されているのだ。

私たちが意識しないうちに、社会は変化していく。本書を通じて、得られるものと失うものをきちんと認識したうえで、どういう未来を築きたいか、私たちが目指す社会の方向性を考えるきっかけになればと思う。

＊

経済学では、通常、移民と市民（ネイティブ）に分類して、移民が市民に与える影響を分析する。ただ、移民と一口にいっても、滞在期間がどの程度か、国籍を変更しているのかどうか、さらに二世や三世を含むかどうかなど、その線引きは曖昧《あいまい》である。データを正しく理解するためには、移民をきちんと定義する必要がありそうだ。

しかし、意外に思われるかもしれないが、移民には正式な定義がない。国際連合広報センターのウェブサイトでは、「定住国を変更した人々」と、かなり大まかな説明にとどまる。OECD（経済協力開発機構）の国際移民データベースでも、「移民」と見なすための国籍、生誕地、滞在期間などの基準は、国によって異なる。永住者に限定する国もあれば、長期間にわたってその国に居住する人と定義する国もある。またアメリカの研究では、通常、外国で生まれて現在アメリカに住んでいる人を移民と定義する。

なお、混同しやすいが、難民は移民とは違う。難民の定義は、条約や協定で国際的に定められている。国際連合広報センターのウェブサイトでは、「難民とは、迫害のおそれ、紛争、暴力の蔓延《まんえん》など、公共の秩序を著しく混乱させることによって、国際的な保護の必要性を生じさせる状況を理由に、出身国を逃れた人々」とする。経済的理由で移住する人たちを含まないことが分かる。

本書では、移民とは「海外から来て、長期的に住んでいる人」という程度にゆるやかに考えたいと思う。そのうえで、研究を紹介する際は、その研究が移民をどのように定義しているかに触れるようにする。

移民の経済学◉目次

図・グラフ作成：ケー・アイ・プランニング

序章　移民と日本の現在

日本の現状

世界的に見ると、日本は移民受け入れに関して発展途上の国だ。国際連合の「国際移民ストックの傾向」によると、2019年における移民数世界第1位はアメリカの5066万人。第2位であるドイツの1313万人、第5位のイギリス955万人に比べて、アメリカの移民数は抜きんでている。日本は250万人で、世界232の国・地域中第26位だ。外国籍の人口で測られた日本の移民総数だけ見ると、かなりの数であるように思うだろう。

しかし、総人口に占める移民の割合で見ると、日本は世界的な水準をかなり下回る。20

19年におけるその割合は2・0％で、世界232の国・地域中第170位。かなり下位だ。アメリカは15・4％、ドイツは15・7％、イギリスは14・1％である（これらの国では外国生まれの人口の割合を移民割合としており、外国籍の人口で測る日本とは異なる）。他の先進諸国と比べて、日本の移民割合がかなり低いことが分かる。また、隣国の韓国では2・3％（日本と同じ外国籍人口の割合）となっており、日本の移民割合はそれよりも低い。日本はかなり閉じられた社会なのである。

こうして見ると、現在の日本経済では、他の先進諸国ほど、移民の影響力が大きくないだろう。ただ、今後その状況は大きく変わるかもしれない。経済活動に直接影響がある労働者数が、急速な増加傾向を示しているからだ。厚生労働省が公表した「外国人雇用状況」によると、2018年における外国人労働者数は146万人。07年に外国人雇用状況の届出制度が義務化されて以降、過去最高の数となった。08年の48・6万人から、この10年で約3倍になっている。

国籍、都道府県、産業による違い

2018年における外国人労働者を国籍別に見ると、中国籍が外国人労働者数の27％を占めてもっとも多く、ベトナム籍（22％）、フィリピン籍（11％）と続く。ブラジル籍（8・

7％）とペルー籍（2・0％）も目立つものの、ネパール籍が5・6％、韓国籍は4・3％と、アジアからの労働者が多い。一方、アメリカ籍は2・3％で、G7／8（イギリス、アメリカ、ドイツ、フランス、イタリア、カナダ、ロシア）にオーストラリアとニュージーランドを加えてみても、その割合は5・3％程度にしかならない。

国籍によって、在留資格にも特徴がある。ブラジル籍やペルー籍の労働者のうち、99％は日本に住み着いている人（永住者、日本人や永住者の配偶者等、定住者のこと。「身分に基づく在留資格」という）だ。フィリピン籍の労働者も同様で、その71％が身分に基づく在留資格である。ベトナム籍やインドネシア籍では「技能実習」の割合が多く、ネパール籍では「資格外活動（留学）」の割合が高い。一方、G7／8諸国と韓国は、「専門的・技術的分野の在留資格」の割合が高い。さらに、中国籍の場合には、それぞれの在留資格にバランスよく分かれている。

都道府県別に見ると、外国人労働者の就労数が多い順に、東京都が30・0％、愛知県が10・4％、大阪府が6・2％となっており、大都市に集中しているのが分かる。ただ、都道府県別・在留資格別に見ると、特徴が異なっており、「専門的・技術的分野の在留資格」の割合が高いのは東京都（31・0％）、「技能実習」の割合が高いのは宮崎県（67・6％）、「資格外活動（留学）」の割合が高いのは福岡県（40・7％）、「身分に基づく在留資格」の割合が高いのは静岡県（61・5％）である。外国人労働者の受け入れといっても、地域ごとにその影響が異なる可能性がある。

産業別の影響に関しても、同じような議論が当てはまる。日本全体で見ると、外国人労働者が一番多い業種は、製造業（29・7％）で、サービス業（15・8％）、卸売業・小売業（12・7％）や宿泊業・飲食サービス業（12・7％）が続く。しかし、都道府県別に見ると、愛知県や大阪府では製造業で働いている割合が多いのに対し（愛知45・3％、大阪26％）、東京都では、宿泊業・飲食サービス業（23・1％）が一番多く、卸売業・小売業（19・4％）が二番目に多い。業種ごとに、外国人労働者の受け入れの影響が異なる可能性がある。

また、国籍ごとに就いている産業を見ても違いがある。製造業の割合が一番高いのは、インドネシア（48・7％）、ブラジル（45・3％）、ペルー（42・0％）、フィリピン（39・6％）、ベトナム（36・4％）、中国（25・9％）籍だ。一方、G7／8国籍は教育・学習支援業、韓国籍は卸売業・小売業、ネパール籍は宿泊業・飲食サービス業がもっとも多い。

こうして見ると、外国人受け入れの影響は、産業や地域などの区分によって違う可能性がある。ひとくくりに、外国人の受け入れを議論するだけでは、見過ごされてしまうこともありそうだ。

近年の主要な法改正

世界的に見ると、外国人の受け入れに消極的な日本であるが、外国人労働者の実質的な受け入れは1990年頃から始まった。外国人労働者に関係する近年の法改正のうち、経済学で注目されるのは次の三つである（なお、日本政府は、建前上、移民政策はとらないというスタンスなので、以下では外国人という呼称を使用する）。

一つ目は、1990年に施行された入管法改正で、これにより、ブラジルやペルーなどの南米から来た日系人労働者が増えた。バブル景気による人手不足を背景に、「定住者」という就労に制限のない在留資格が設けられ、日系三世までに日本での就労機会が与えられたからだ。定住者には、日系二世・三世やその配偶者も含まれる。しかし、2008年のリーマン・ショックを受け景気が悪化、派遣切りなどが起こり、社会問題となった。このため、09年には、日系人離職者に対する帰国支援事業を行い、金銭を支給する代わりに、一定期間再入国を認めないこととした。その後、東日本大震災後の復興特需や東京オリンピック・パラリンピックの五輪特需により、再び人手不足がいわれるようになっている。

二つ目は、2012年5月に導入された「高度人材に対するポイント制による出入国管理上の優遇制度」と、14年の入管法改正により、15年4月に新設された高度人材に特化した在留資格「高度専門職」だ。一定の条件を満たした高度に専門的な能力を有する外国人人材には、在留期間を無期限にしたり、就労の範囲を広くしたりして、その受け入れを促進しようとしている。人口減少に対処し、高度人材により技術革新を加速させ、経済の生産性を向上させることがその課題だ。17年6月に閣議決定された「未来投資戦略2017」では、12年から20年末までに1万人、22年末までに2万人の高度人材を認定することを目指している。出入国在留管理庁によると、高度人材ポイント制の累計認定件数は、19年3月末で1万6781件、国籍・地域別に見ると、中国（65・6％）、アメリカ（4・3％）、インド（4・5％）の順である。

三つ目は、2018年12月の入管法改正である。「特定技能」という新たな在留資格を設け、介護業、建設業、外食業、宿泊業、農業や漁業など14業種において、19年4月より5年の間に34万5000人あまりの外国人労働者の受け入れを見込んでいる。いずれも人手不足が問題となっている業種だ。即戦力として働ける特定技能1号（「相当程度の知識又は経験を必要とする技能を要する業務に従事する外国人向けの在留資格」）では、在留期間の上限が通算5年で、家族帯同は原則できない。一方、より熟練した技能や日本語能力が必要である特定技能2号（「熟練した技能を要する業務に従事する外国人向けの在留資格」）であれば、在留期間の上限はなく、要件を満たせば家族の帯同もできる。

まとめると、過去の外国人人材拡大法案の背景には、人手不足による単純労働者の確保と、生産性向上のための技能労働者の確保という二つの側面が見られる。ここでは日本の法改正を概観したが、海外の場合でも、似たような国内事情が背景にあることが少なくない。このため、経済学では、単純労働者の受け入れによって、国内の労働者の賃金や雇用にどのような影響があるかだけでなく、技能労働者の受け入れが、本当に生産性の向上につながるのかを検証することが多い。

「移民の経済学」の有用性

前項で見たように、この10年間における外国人労働者の増加は、それ以前と比べても急速なものだ。厚生労働省が公表している「外国人雇用状況の届出状況」の前身にあたる「外国人雇用状況報告」によると、1996年には16万人弱だった外国人労働者数は、2006年には39万人へと増えたが、その増加数は10年間で23万人にとどまった。この値と比べると、直近10年の増加数97・4万人が、いかに急速なものかが分かる。

こうしたなか、人手不足を解消するため、日本政府は外国人労働者の受け入れ拡大を目指し、2018年12月に出入国管理法を改正、5年間で最大34万5000人あまりの外国人労働者の受け入れを見込んでいる。この法改正をめぐり懸念されたのが、雇用や賃金への悪影響だ。外国人が増えると、日本人の雇用が奪われたり、賃金が低下したりするのではないか、

図表0-1　外国人労働者数と給与総額の推移

外国人労働者数は厚生労働省「外国人雇用状況」、月間現金給与総額（事業規模５人以上）は厚生労働省「毎月勤労統計調査」を使用し、筆者作成

というわけだ。

図表0-1を見てみよう。ここ10年の日本における外国人労働者数と給与総額の推移を作図したものだ。外国人労働者数が急速に増加したのに対し、給与総額は２００９年に低下した後、伸び悩んでいる。この図だけを見ると、外国人労働者の急増が賃金水準の停滞を招いているように思える。

しかし、賃金停滞の主な原因は別にある。たとえば、バブル経済崩壊後、日本企業は内部留保の蓄積に努めるようになったが、２００８年のリーマン・ショック後、その動きが再燃した可能性がある。それ以外にも、賃金の低い非正規雇用が増えたことや、年功序列で高賃金を享受できた大量採用の世代が次々と退職時期に達したこと、企業による雇用者の社会保障負担が増大したことなども挙げられる。構造的な要因が指摘されているのだ。

この例で分かるように、マクロ経済への影響は、いくつもの要因が複雑に絡み合っている。単純に、外国人労働者数と給与総額の相関を見るだけでは、本当の要因は見えてこない。このため、外国人労働者の受け入れがもたらす影響を議論するには、こうした複合要因をきちんと分析した学術研究を参照することが有用だ。

本書では、移民の受け入れに関する経済学研究を概観しながら、日本経済や社会への影響を考察していく。今まで外国人の割合が少なかった日本では、他の要因と比べると、その経済的な影響はさほど大きくなかったかもしれない。しかし、今後、その状況は大きく変わると予想される。ひょっとしたら、すでに何らかの変化が出始めているかもしれない。

今のところ日本に関しては十分な学術的検証がなされているとはいえないが、移民の受け入れに歴史がある海外の研究には、今後の日本のあり方を議論するうえで参考になるものが多い。日本における経済学研究の方向性への示唆も含めて、海外の先行研究を見ていくことから始めよう。

第1章　雇用環境が悪化するのか

移民の受け入れを議論するときに、真っ先に指摘される懸念が、市民の雇用環境の悪化だ。雇用環境の悪化は、税・社会負担の増加とともに、移民に反対する論拠の二本柱である。収入が減って、支出が増えると、私たちの経済的な生活水準は低下する。

本章では、移民が、市民の雇用を脅かし、その賃金を低下させるかどうかを検証する。ただ、移民による労働市場への影響は、地域や学歴、職歴によっても違う可能性がある。一概に、移民が市民の労働環境を悪化させるというより、環境が良くなる市民もいれば、悪くなる市民もいるだろう。

では、移民を受け入れると、どのような市民に悪影響があるのだろうか。ポイントは、移民と市民の競合（職探しの競争）だ。競合に関する経済学特有の分析手法とそこからの知見について、詳しく見ていこう。

1　市民の賃金を下げるのか

代替的か、補完的か

移民が労働市場に与える影響は、経済学でよく研究されている重要な論点だ。雇用や賃金は、私たちにとって身近な問題なだけに関心も高く、移民受け入れの是非を大きく左右する。移民によって、失業したり、所得が下がったりするのであれば、市民は移民受け入れに反対するだろう。逆に、雇用が創出されたり、所得が上がったりするのであれば、賛成するかもしれない。また、労働市場への影響がないのであれば、他の論点（税金や社会保障の負担など）を考慮して、移民の受け入れを判断することになるだろう。

経済理論に基づけば、移民による市民の賃金への影響は、移民と市民の関係による。移民が多くなると、職探しの競争が激しくなる。もし、移民が市民と同じ仕事をこなすのであれば、市民の賃金は下がる。このように、移民を市民と競い合う（同じ性質の）労働者と見なすことを、経済学では「代替的」という。

一方、移民は、市民の仕事をサポートしてくれるかもしれない。たとえば、育児や介護、食事の準備などを肩代わりしてくれるようになると、私たちは職場での仕事に集中でき、生産性が上がる。その結果、賃金が上がるかもしれない。このように、移民が市民の仕事をサポートする（違う性質の）労働者と見なすことを、経済学では「補完的」という。

経済理論的には、移民が市民と代替的であれば賃金が下がり、補完的であれば賃金が上がる。「もし○○ならば、○○である（if..., then...）」であり、どうなるかは分からないのだ。

このように理論的にどちらともいえない場合には、データを使って検証する（計量分析や実証分析という）ことになる。現実を見てみようというわけだ。

キューバ移民の事例とボージャスの反論

では、実際のところはどうだろう。

少し古いが今でも参照される論文に、1979年から85年までの個人データを使って、80年に大量にマイアミへ移住したキューバ移民の影響を分析した研究がある。[*1] それによると、キューバからの移民はマイアミの労働力人口を7%も増やした。もし、移民と市民の競争が激しくなっていれば、マイアミの賃金は大きく下がるはずだ。しかし、マイアミにおける単純労働者の時給は、いくつかのアメリカの都市に住む単純労働者の時給変動と比べても、著しく下がってはいなかった。このため、移民が流入しても、アメリカ人の賃金が大幅に下がるとはいえないとする。また、賃金だけでなく、マイアミにおける単純労働者の失業率にも影響がなかった。

その後、いくつもの研究が同様の結果を示した。市民の賃金が下がったとしても、その程度は限定的で小さい。

こうした研究結果に対し、ハーバード大学のボージャスは批判的だ。[*2]

第一に、移民は、賃金が上昇している地域に移住しようとするので、移民の増加と賃金の増加が、本当は関係なくても、あたかも関係あるように見えてしまう可能性を指摘する。すると、移民によって賃金が低下しても、元からの賃金上昇圧力と打ち消しあい、結局、賃金には影響なしとなる（後述するように、研究によっては、移民は市民の賃金を増やすという結果もある）。

第二に、市民の引っ越しの影響を指摘する。移民によって賃金が下がった地域からは、人が出ていく。そのため、仕事を奪い合う競争が減り、賃金は思ったほど低下しない。移民の流入による賃金の低下が、市民の流出による賃金の増加により、ある程度相殺されるということだ。このため、移民を多く受け入れた地域の賃金と、あまり受け入れていない地域の賃金とを比べたとき、その差が顕著に表れない可能性がある。移民増による引っ越しの影響という副次的な効果と混ざってしまうのだ。

労働者の分類別に比較する

このため、ボージャスは、地域間の比較による分析ではなく、移民と競合する労働者の分類ごとに分析する重要性を訴えている。労働者の分類に基づいた分析であれば、先述の移民の移住先選択や市民の引っ越しの影響を考慮に入れられる。すると、移民の影響が、これまでの分析結果とは大きく変わってしまうのだ。少し詳しく説明しよう。

移民の影響を分析する方法は、新薬の効果を評価する方法と似ている。新しく開発された薬の効果を調べる治験では、無作為に二つのグループに分けた人たちを比べる。一つのグループには新薬を、もう一つのグループには偽薬（体に害はないが、病気を治す成分も含まれない）を投与して、その効果を比較するのだ。グループ分けは無作為に行い、一つのグループに特定の性質が偏ること（たとえば、高齢者ばかりなど）のないようにする。

偽薬なんて飲んでもしょうがないと思われるかもしれないが、これも必要だ。実験の参加者は、自分が新薬か偽薬かのいずれを飲んでいるのか知らないので、とりあえず何かを飲んでいるだけで効果があるような気になり、実際、病状が改善したりするからだ。あくまで似

図表1-1　賃金と移民割合の関係（1960〜2000年）

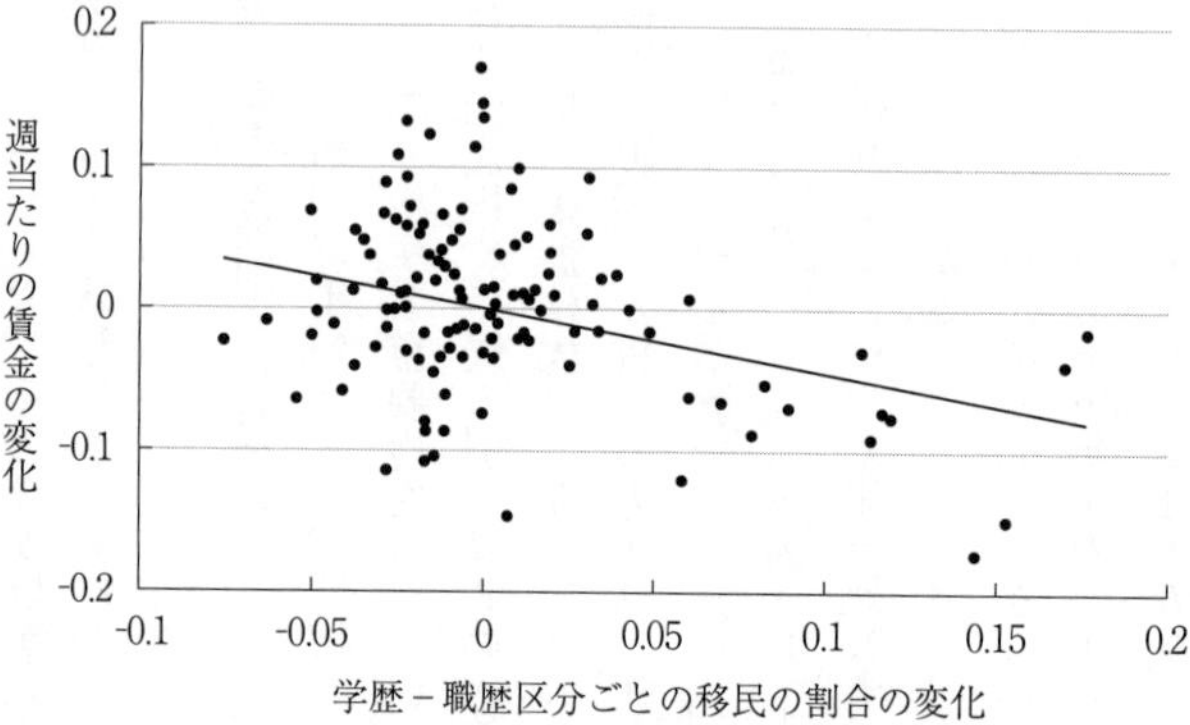

Borjas（2003）Figure 2 より抜粋して作成。移民の割合が増えている区分ほど、賃金の成長率が低いだけでなく、賃金が低下している（マイナス成長）ことが分かる

たような性質の人たちを比べることが大事なのである。こうして、二つのグループの人たちの症状が、どのように変化するかを比較する。こうした枠組みは「自然実験」と呼ばれる。

経済学が研究対象とする事柄は、なかなか自然実験と同じようにはいかない。移民の例でいえば、移民は自分の好きな地域に移住するし、市民も引っ越しをする。研究者が、無作為に住む場所を決めるわけにはいかないのだ。

研究者が無作為にグループ分けできないと、意味のある比較ができない。治験の例を思い出そう。男性高齢者のグループと20代女性のグループを比較しても、新薬が症状を改善するかどうかについて、役に立つ情報は得られないだろう。年齢や性別によって、新薬の効果が違うかもしれないからだ。

同様なことが、移民の分析でもいえる。年齢構成など細かい点を含めて、似たような地域を比較しないと意味がないのだ。しかし、強制的に居住区域の指定でもしない限り、研究者が似たようなグループを作ることはできない。

そこで、ボージャスは、自分の意志ではすぐに変えられない労働者の分類（学歴や職歴）に着目した。学歴と職歴を合わせて似たような労働者を分類し、その区分ごとに移民の影響を分析したのだ（図表1-1）。すると、移民の割合が増えている分類区分ほど、収入が下がる傾向があった。移民によって労働者が10％増えると、収入が3％から4％低下していたのだ。[*3] 学歴と職歴を合わせた区分を使って、似たような背景の移民と市民をマッチングさせた分析をすると、移民と競合する労働者の賃金が下がることが示されたのである。

「低賃金ではやりたくない仕事」をしているのか

他の論点も見ておこう。「移民は、そもそも自国生まれの市民がやらない仕事に就くため、市民の賃金に影響がない」という見解は、移民容認派の人たちによく見られる。このような主張も、移民が市民と競合するかという問題に関連している。

ボージャスはこうした見解にも反論する。移民は、「市民がやらない仕事」をしているのではなく、「現在のような低賃金では市民がやりたくない仕事」をやるというのだ。この二つの記述は、似ているようでまったく違う。

たとえば、介護や建設のような仕事は、日本人の求人が困難だ。あえて分かりやすくいえば、額に汗して働くことはカッコ悪く、冷暖房の効いた部屋でコンピューターのマウスをクリックして一攫千金《いっかくせんきん》を狙うのがクールだというような価値観により、日本人がこうした業種で働くことを好まないのであれば、賃金を上げても日本人の働き手は集まらない。つまり、移民は「市民がやらない仕事」をしていることになる。

しかし、介護や建設の現場で働かないのは賃金が低いためであれば、賃金を上げることで、日本人も多く働くようになる。その場合は、移民は「現在のような低賃金では市民がやりたくない仕事」をしている。

どちらの解釈をするかによって、移民の意義が変わってくる。もし、移民が市民のやらない仕事をするのであれば、移民は経済活動における貴重な戦力だ。移民なしには、私たちの生活は立ちゆかなくなる。

一方、賃金の低い仕事でも移民が引き受けている場合の解釈は複雑だ。賃金が上がれば市民も働くと考えれば、安い賃金で仕事を請け負う移民は、市民の雇用を奪っていることになる。労働者の立場で見ると、移民は市民と競合しているのだ。しかし、移民が安い賃金で働くおかげで、市民が介護などのサービスを安く利用できるとも考えられる。消費者の観点からは、移民の恩恵があることになる（後の第3章3「女性の社会進出が加速するのか」や第4章1「生活費が安くなり、購買力が上がるのか」で取り扱う）。

本節では、移民の受け入れが労働市場に悪影響を与えるという見解について、ボージャスの議論を中心に見てきた。その見解は、一部メディアで懸念されるような移民警戒論に通じるものがある。しかし、これまでの経済学研究ではいろいろな結果が示されており、必ずしも意見が一致しているわけではない。次節では、労働市場への悪影響はないという逆の見解について見ていこう。

2　長期的には賃金が増えるのか

二つの議論の対比

前節を読んで、移民の受け入れに慎重になった方もいるだろう。しかし、移民による市民の賃金への影響については、研究者の間でも意見が大きく分かれている。

本節では、あまり心配しなくてもよいとする研究結果を見ていく。同じ経済学なのに、どうしてまったく違う結果が出るのかと思われるかもしれない。これまでの研究を注意深く比較すると、どうやらその違いは分析方法にありそうだ。どのように分析するかによって、結

図表1-2　移民の影響をめぐる二つのアプローチ

(a1) 地域間の比較	(b1) 労働者の分類ごとの比較
ある時点での地域間を比較	時間の経過を通じて、分類ごとに比較
地域ごとのデータ	国全体のデータ
たとえば、2000年時点でのニューヨーク、ロサンゼルス、ボールダーなど各地域での賃金	たとえば、高校中退者である市民の賃金や高校卒業者である市民の賃金
移民が多い地域ほど、市民の賃金が低下しているか	移民が多い労働者の分類ほど、市民の賃金が低下しているか
(a2) 大まかな労働者の分類	(b2) 細かい労働者の分類
たとえば、高校卒業と高校中退を同じ区分にする	たとえば、高校卒業と高校中退を違う区分にしたり、高校中退で職歴10年のように学歴と経験を組み合わせた区分にする
↓ 影響はわずか、もしくは、なし	↓ 悪影響を及ぼす

筆者作成

果が違うのである。

そこで、前節で紹介した議論について、大まかにまとめてみた。技術的に見た両者の違いは、図表1-2のようになる。

図表1-2（a1）と（a2）の分析だと、移民による市民の賃金への影響はわずか、もしくは影響がないとされる。一方、図表1-2（b1）と（b2）の分析だと、移民は市民の賃金に悪影響を及ぼすという。

この違いを頭に入れながら、新しい研究の結果について見ていこう。

ボージャスらは、地域ごとの賃金を比較する方法では、移民の影響をきちんと分析できないと批判した。*4 市民や移民は引っ越ししてしまうかもしれず、こうした行為が賃金を変えてしまうからだ。このため、国レベルのデータを使い、労働者の種類ごとに分類された市民の賃金が、時間の経過とともに、どのように変化するかを分析すべきだとする。国レベルのデータで考察すれば、地域間の引っ越し問題は解消されるし、時間の経過を見れば、相関関係ではなく、因果関係を追跡できる。また、労働者の分類を使えば、競合関係にある労働者を把握した分析になる。すると、移民が増えた分類（高校中退者）では、市民の賃金が低下するのだ。

しかし、その後、他の研究者によっていくつかの反証がなされた。たとえば、大部分の研究では、引っ越しによって移民と市民が大きく入れ替わったとはいえない。ボージャスは、ある都市に移民が10人やってくると、6・1人の市民がその都市から引っ越すとしたが、[*5]このように引っ越しによる影響が大きいとするのは少数派だ。

また、細かい分類（高校中退、高校卒業、大学中退、大学卒業）よりも、大まかな分類（高学歴〔大学卒業＋大学中退〕と低学歴〔高校卒業＋高校中退〕）の方が適切だと主張する研究者もいる。[*6]大まかな分類は、労働経済学の研究でよく使われてきたやり方だ。もし、労働市場において、高校中退者が、高校卒業者と容易に入れ替わるのであれば、両者を同一の分類で取り扱っても問題ないだろう。一方、高校中退者には高校卒業者の仕事ができないようであれば、別々の分類に区分すべきだ。カリフォルニア大学バークレー校のカードは、「代替の弾力性」を計算し、高校中退者は高校卒業者と同じ分類で構わないとする。代替の弾力性とは、たとえば、高校中退者が、高校卒業者と、どの程度入れ替われるかを測る概念だ。高校中退者と高校卒業者の代替の弾力性は大きく、入れ替え可能（つまり、同じような労働者）だとしたのだ。

オッタビアーノとピエリの反証

それ以外の反証もある。国レベルのデータを使い、労働者の種類ごとに分類して分析しても、移民は市民の賃金を下げないという分析も出てきた。ロンドン・スクール・オブ・エコノミクスのオッタビアーノとカリフォルニア大学デービス校のピエリは、移民（生誕地に基づき、外国生まれの人）がアメリカ人の賃金をわずかながら増やす可能性を指摘する。[*7]

１９９０年から２００６年までのデータを使った彼らの分析によると、移民によって高校未修了者の賃金は０・６％から１・７％の範囲で増える。また、平均的なアメリカ人労働者の賃金を少ないながらも増やす（０・６％）のに対し、以前からアメリカにいる移民（既存の移民）は賃金を大きく減らす（マイナス６・７％）結果となった。

では、どうしてボージャスらの分析とは違う結果が出るのだろう。似たような分析方法なのに、不思議に思われるかもしれない。重要なポイントは、労働者間の代替性（たとえば、移民と市民が労働市場で入れ替わる程度）の取り扱いが違うということだ。少し詳しく見ていこう。

①移民と市民

ボージャスらの分析では、学歴と勤務年数によって同じ労働者と分類された移民と市民が、仕事を求めて競合する。そこでは、同じ労働者と分類された移民と市民は、お互いに入れ替えの利く「完全代替」だと仮定している。つまり、移民と市民は同じ性質の労働者である（同じ技能を持つグループ）と扱われるのだ。

しかし、オッタビアーノとピエリは、こうした仮定は誤りだとする。むしろ、市民と移民は違う技能を持つグループだと考える。同じような学歴や年齢でも、市民の技能は移民の技能と同じではなく（たとえば、英語能力）、それぞれ違った職業に就くことがあるからだ。

実際、彼らの研究だけでなく、他の最近の研究は、その主張を裏付けている。学歴や勤務年数によって同じ労働者として分類されていても、移民と市民はまったく同じ性質の労働者（完全代替）ではなく、ある程度しか似ていない労働者（＝「不完全代替」）だと示されているのだ。つまり、移民は市民と完全に入れ替えの利く労働者ではない。特に、教育水準が低い労働者や若い労働者の場合には、移民と市民の代替が難しい（別物である）とされる。

移民と市民が不完全代替な労働者だとすると、完全代替である場合に比べ、移民が市民の賃金に与える影響は小さくなる。移民と市民が競合する程度が減るからだ。

もちろん、移民慎重派も黙っていない。ボージャスらは、学歴や勤務年数によって同じ労働者として分類された移民と市民が不完全代替だという証拠はほとんどないと反論する。[*8]

②高校中退と高校卒業

ボージャスらのように高校未修了の労働者と高校卒業の労働者を別々に扱うべきか、それとも、二つを合わせて一緒に扱ってもよいかという問題はどうだろう。これまでの研究では、学歴を、高学歴（大学卒業と大学中退）と低学歴（高校卒業と未修了者）とに分けていた。

オッタビアーノとピエリは、高校未修了の労働者は、高校卒業の労働者とある程度入れ替え可能（専門的には、代替の弾力性が大きい）とする一方、高学歴と低学歴の労働者は入れ替えが難しい（専門的には、代替の弾力性が小さい）ことを示している。つまり、高学歴と低学歴という区分を使った分析は、それほど問題がないことになる。

③長期的な影響

オッタビアーノとピエリは、学歴を高校未修了、高校卒業、大学中退、大学卒業に分けたうえで、学歴に基づいて違う技能に分類された労働者間での相互作用を考慮して、長期的な賃金への影響を分析した。たとえば、大卒の労働者の雇用状況が、高卒の労働者の雇用状況に影響する可能性を探るのだ（専門的には、技能グループの間の代替の弾力性を考慮することになる）。長い期間で見れば、高校卒業の移民の存在が、直接競合するような高校卒業の市民の賃金だけでなく、大学卒業の市民の賃金にも影響を及ぼすかもしれない。

違う技能に分類された労働者間での相互作用は、いろいろな要素により変わってくる。そうした要素には、技能グループの相対的な規模や、技能グループごとに異なる移民流入の傾向などが含まれる。大学中退者数が少なければその影響は小さくなるし、大卒の移民より高卒の移民が多く流入すれば、大卒と高卒の賃金への影響も変わってくる。

彼らの分析方法は、ボージャスらとは違う。ボージャスらは、同じ分類の労働者に焦点を当てて、市民の賃金への直接的な影響を分析した。こうした分析では、違う技能に分類された労働者との相互作用は考慮されていない。一方、オッタビアーノとピエリによる長期的な影響の分析では、同じ技能内のような直接的な影響だけでなく、違う技能間との間接的な影響も含んでいる。

長期的な影響を分析した結果、平均的なアメリカ人労働者の賃金を少し増やし（0・6％）、以前からアメリカにいる移民の賃金を大きく減らす（マイナス6・7％）とした。既存の移民と新規の移民が完全代替であれば、移民の内輪での競争が激しくなり、既存移民の賃金は減る。一方、移民と比べて、相対的に希少になったアメリカ人の賃金は増える。移民の流入によって、移民同士が競合するだけで、市民の賃金にはあまり影響がないとしたのだ。
移民は市民の賃金を減らすどころか、わずかであるが増やす可能性もある。これまでの研究結果とまったく違う見解が示されたことになる。

3 雇用が奪われるのか

研究結果が二転三転する理由

どうしてまったく違う結果が出るのだろう。研究とは真実を明らかにするものであるから、相反する結果などおかしいと、学者以外の人は理解に苦しむだろう。こうした現状についての理解を助けるために、一般の人にはあまりなじみのない研究というものについて、少し触れておこう。

研究というと、一つの事柄をずっと探求し続けるイメージがあるかもしれない。しかし、経済学で研究されるトピックスにも、はやりすたりがある。どのような学問の分野でもそうした傾向はあるだろうが、社会科学である経済学では、特にその傾向が強いかもしれない。世間の関心事項(政治・経済事情)を反映して、自らの研究成果が世間の注目を集めれば、研究の意義が認められたように感じられるからだ。

研究はみなさんが考えるよりも地味な作業で、一つの成果を出すのに何年もかかる。こうした苦労にもかかわらず、ほとんどの論文は自分と同じような研究をしている専門家の目にしか触れない。せっかく論文を書いても、あまり読んでもらえないわけだ。このため、売れ筋のトピックスは、研究者にとって魅力的である。研究者の実績という意味でも、自分の研究が「売れてなんぼ」のところがある。

世間を賑《にぎ》わすトピックスは、多くの研究者をひきつけ、盛んに研究が行われるようになる。すると、議論は目まぐるしく進展していく。ときには次々と違う結果が出て、その過程でいろいろな論点が洗い出される。たとえば、移民と市民は代替するという仮定の妥当性などだ。移民による賃金への影響は、そうした現在進行形であるトピックスの一つである。また、自分の研究を売り込むためには、これまでと違う結果（新規性）が求められる。同じ結果では、学術的な貢献として認められないからだ。つまり、研究結果が二転三転しているのには、新規性が求められることと、議論が進行形で精緻《せいち》化され続けていることが関係している。

ダストマンらの指摘

これまで紹介したように、移民が市民の賃金に与える影響については、見解の一致を見て

図表1-3　移民の労働市場への影響をめぐる、主な研究結果の変遷

悪影響ほとんどなし	カード(1990)
↓	
悪影響あり	ボージャス(2003)、ボージャスとカッツ(2007)
↓	
悪影響なし	オッタビアーノとピエリ(2006, 2012)
↓	
悪影響あり	ボージャス、グロッガーとハンソン(2008)
↓	
新たな課題	ダストマン、シェーンベルグとストゥラー(2016)

筆者作成

いない。市民の賃金が上がるか、下がるかは、今のところはっきりとは分からないのだ（図表1-3）。

ユニバーシティ・カレッジ・ロンドンのダストマンらは、1990年から2016年までに出版された26の研究を分析し、こうした混乱の理由を彼らなりの解釈で説明する。[*9] 対象となった研究のほとんど（22の研究）が比較的新しく（05年以降に出版）、このトピックに関する主要な研究だ。他の研究者に指摘された技術的な不備は、新しい研究ほど解消される傾向にあるので、現時点では信頼のおける成果について概観したことになる。

彼らによると、これまでの研究は、①それぞれ違う影響を分析しているので、そもそもその結果は比べられないこと、②労働者を学歴・職歴に基づいて分類する枠組み自体が不適切な可能性、を指摘する。違った結果になるのは当然であるし、まだまだ分析の改善の余地もあるとする。

まず①について見てみよう。これまでの研究は、主に、国レベルのデータを学歴・職歴に基づいて分類した分析、地域ごとの移民の違いに着目した分析、両者の合体（ハイブリッド）である地域ごとや学歴ごとの移民の違いに着目した分析の三つに分類される。学歴・職歴に基づいて分類した分析では、たとえば、高卒である熟練の市民の賃金が、高卒である未熟な市民の賃金と比べて、移民の流入によってどう変わったかを測定する。熟練労働者と経験の浅い労働者の賃金への影響を比較したわけだ。地域ごとの分析では、たとえば、高校中退者である市民の賃金が、移民によってどう変わったかという効果を測っている。他の市民グループに比べて、賃金がどう変化したかという議論ではない。ハイブリッドの分析では、移民によって、単純労働者（低学歴）の賃金は、技能労働者（高学歴）の賃金と比べて、どう変わったのかを測っている。この分析の焦点は学歴による効果の違いだ。いずれにしても、それぞれ違った効果を測っているので、比較できないとする。

「格下げ」の影響

次に②について考える。労働者を学歴・職歴に基づいて分類する枠組みに対して、「格下げ」の問題を指摘している。格下げとは、移民が、自分と同じ技能を持つ市民よりも、低い収入を受け取ることだ。たとえば、母国で大学を卒業していても、アメリカの大卒である市

図表1-4　移民の「格下げ」の影響

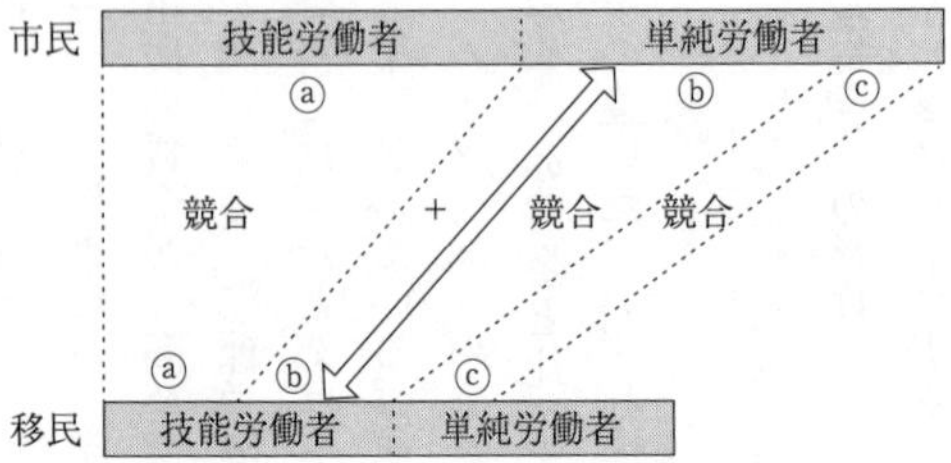

実際の競合	分析で想定する競合	結果
移民ⓐ←→市民ⓐ（技能労働者）	移民ⓐ+ⓑ←→市民ⓐ	ⓑの分過大評価
移民ⓑ+ⓒ←→市民ⓑ+ⓒ（単純労働者）	移民ⓒ←→市民ⓑ+ⓒ（単純労働者）	ⓑの分過小評価

筆者作成

民より収入が低くなる（図表1−4）。

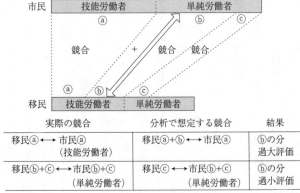

こうした格下げの事実は、いくつかの研究で示されている。たとえば、移民は自分と同じような市民より、ドイツでは17・9％、アメリカでは15・5％、イギリスでは12・9％、賃金が低いとされる。つまり、労働市場における移民の地位（通常、賃金や職種）は、同じ学歴・職歴の市民の地位より低くなっている。技能労働者（高学歴）と分類される移民が、単純労働者（低学歴）の市民の競争相手だったりするのだ。

格下げがある場合、学歴・職歴で分類した国レベルの分析は、移民による市民の賃金への影響をうまく把握できない。また、ハイブリッドの分析では、技能労働者である市民への影響を過大評価し、単純労働者である市民への影響を過小評価してしまう。本当に競合している移民と市民の組み合わせをうまく分類しないと、きちんとした効果を測れなくなるのだ。

一方、地域ごとの分析であれば、移民の格下げは問題にならない。分析において、分類（競合する移民と市民の組み合わせ）をしないからだ。このため、ダストマンらは、地域ごとの分析を推薦している。

また、格下げ問題は、以上の三つとは別に分類されるオッタビアーノとピエリ型の分析にも当てはまる。同じ分析手法を用いた主要研究には、ボージャス、フリーマンとカッツやマナコルーダ、マニングとワズワースのものもある。

移民により市民の賃金が増えるとしたオッタビアーノとピエリの分析を思い出してほしい。学歴・職歴で分類された移民と市民の間で不完全代替を想定して、移民と市民が入れ替わる程度の重要性を指摘していた。しかし、移民の格下げがある場合には、移民を適切な分類に仕分けておらず、オッタビアーノとピエリ型の分析で使われた入れ替えの程度（専門的には、代替の弾力性の推定値）が妥当でない可能性がある。すると、移民により市民の賃金が増えるとした結果にも疑問符がつく。

ダストマンらは、移民の格下げがある場合には、移民と市民が実際には不完全代替でないのに、ある分類内では不完全代替のようになってしまう可能性を指摘する。すると、移民による市民の賃金への悪影響が過小評価される。本当は移民と市民が競合しているのに、さほど競合していないとして分析されてしまうからだ。移民の格下げによって市民の賃金への悪影響が過小評価されることが、オッタビアーノとピエリ型の分析において、移民により市民の賃金が増えるという結果になった一因ではないかと指摘する。

雇用をめぐる入れ替え効果と生産性効果

ここまでは主に賃金への影響を見てきたが、雇用機会はどうなるのだろう。移民によって、市民の仕事は減ってしまうのだろうか。

国際経済学では、移民(人の移動)や海外直接投資(資本の移動)は、「生産要素移動」という分野で扱われ、一緒に議論されることがある。そうした分野では、先進国の製造業で働く市民の仕事の多くが失われたのは、移民労働者の増加により労働市場の競争が激しくなったためや、企業が海外に工場を移転したためだという見解がある。

海外から移り住む移民や、企業が業務を海外に移す「オフショアリング」が、国内で働く市民の雇用に与える影響は複雑だ。市民の雇用への影響には、大まかに二つの効果が考えられる。まず、①移民の雇用や生産工程のオフショアリングが、これまで市民が行っていた仕事と入れ替わる可能性、だ。市民の雇用が減ることになる。ここでは、入れ替え効果と呼ぼう。一方、②移民の雇用やオフショアリングは生産費用を削減し、生産工程の効率化につながる可能性もある。すると、以前の仕事とは違うかもしれないが、市民労働者の雇用自体は増えるかもしれない。これを生産性効果と呼ぼう。

結局、国内で働く市民の雇用に与える影響は、こうした相反する効果を総合して考えないといけない。もし、生産性効果が弱ければ、入れ替え効果によって市民の雇用は減るだろう。しかし、入れ替え効果と比べて生産性効果が十分に強ければ、市民の雇用水準が増えるかもしれない。

オッタビアーノらは、前項までの移民と市民の関係に、オフショア（企業が業務を移した現地）の労働者を追加して、海外からの移民やオフショアの労働者が、市民労働者にどのような影響を与えるか、その相互作用を研究している。[*10] 2000年から07年までのアメリカにおける製造業部門の58産業のデータを使った分析だ。生誕時に市民でない外国生まれの労働者を移民としている。

分析の結果、移民によって市民の雇用は若干増えるとされている。移民労働者1％の増加と関連する費用低下により、市民の雇用水準は0・42％増える。ここでの費用とは、市民と違って、移民が抱える困難に関連した費用のこと。彼らの分析では、移民1人の生産性は、市民1人の生産性を下回ると想定し、市民より低くなる分の生産性を費用としている。

一方、オフショアに関連する費用低下は、市民の雇用水準を変える証拠がなかった。オフショアの場合には、入れ替え効果と生産性効果が相殺されたのに対し、移民の場合には、生産性効果が入れ替え効果を上回ったことになる。

また、移民による生産性効果は、オフショアのそれよりも大きいことも示されている。ある産業における移民の雇用割合が1%増えると、その産業における総雇用水準を3・9%増やす。分析対象期間の製造業が衰退していることを考えると、これはかなり大きな効果だ。一方、オフショアの雇用割合が1%増えた場合、その産業における総雇用水準の増加は1・7%にとどまる。

こうした結果から見ると、製造業で働く市民の仕事が失われたのは、移民労働者の増加により労働市場の競争が激しくなったためや、企業が海外に工場を移転して仕事がなくなったためではないことになる。むしろ、移民とは関係ない別の論理に基づいた説が有力だ。

技術革新によって、製造過程の自動機械化が進んだが、こうした作業に必要であるコンピューターなどの知識がない市民が職からあぶれたことが要因だと考えられている。イメージ的には、求人対象が単純な肉体労働から、肉体労働を補助または置換する労働に変わったということだ。技術革新に乗り遅れた市民が仕事を失ったことになる。これに対し、移民やオフショアは、その生産性効果を通じて、製造業の雇用拡大または維持に寄与する可能性がある。機械化、移民、オフショアは、すべて市民の雇用を奪うと懸念されているが、この研究によると、機械化以外はそうした懸念は無用だというわけだ。

日本の場合

最後に、これまでの研究結果を整理しながら、日本の場合を考えてみよう。

理論的には、移民が市民と代替的であれば賃金が下がり、補完的であれば賃金が上がる。つまり、理論的には賃金への影響は不明なので、データを使った検証が必要となる。その検証にはいくつかの方法が提唱されているが、その分析方法によって、賃金に与える結果は違う。地域分析によると、移民によって市民の賃金が大幅に下がるとはいえない。しかし、労働者の分類ごとに分析すると、移民の割合が増えている労働者の分類区分ほど、賃金の低下が見られる。一方、長期的には、わずかながら賃金が増えるという分析まである。

結局、移民を受け入れると市民の賃金はどうなるのか、はっきりとした結論は出ていない。ただ、議論の焦点が競合だということは分かる。そして、確かなことは、移民と競合する人の賃金は下がる可能性が高いということだ。たとえば、移民は市民とは競合しないが、新規移民が従来の移民と競合し、従来からいる移民の賃金を低下させた事例も指摘されている。

この場合、移民は市民とまったく同じ性質の労働者（完全代替）ではなく、ある程度しか似ていない労働者（不完全代替）だからだ。

日本における賃金がどうなるかは、海外から流入する移民数による。ヴュルツブルク大学のフェールらが、ボストン大学のコットリコフとともに行った試算では、海外から新規に来る移民が日本の賃金に及ぼす影響は、軽微だとされている。2001年から05年まで、毎年10万8000人の移民を受け入れて、移民数を2000年時点の2倍にする場合の予測だ。2100年までの予測でも賃金への影響が少ないのは、移民によって労働供給がさほど増えないためだ。つまり、大量の外国人が来れば、賃金が低下する可能性は否定できない。

また、地域や業種で、その影響は異なる。労働需給環境の違う大都市の飲食業と地方の小都市の飲食業をまとめて議論するのは適切でないだろう。大都市の飲食業では求人が困難であるのに対し、地方の飲食業ではそれほどでもないところもある。単に地域別に分析するだけではなく、「大都市圏の〇〇業」のように、地域や業種の区分を細分化した考察が必要となろう。

こうした知見は政策にも関係する。日本人の雇用や賃金に悪影響を与えないように、人手不足が解消した段階で外国人の受け入れを止めるという上限案は、もっともなものだ。しかし、業種別の受け入れ上限だけだと、特定の地域に外国人が集中し、地域間格差が生じるかもしれない。地域への割り当てまで考える必要が出てくる。つまり、「業種×地域」の考え方が必要となる。

また、経済状況（景気）によって、労働需給自体も変化する。政府が、日本人の雇用や賃金に悪影響を与えないような上限数を見極めるのは大変難しい作業だといえる。執行面でうまくいくかは定かではない。

むしろ、自分が外国人と競合するかどうかは、現場で働いている人ならすでに肌で感じているかもしれない。地域・業種ごとの声を反映させるような制度の整備が期待されている。

学者たちの立ち位置

本章を通じて、移民による市民の賃金への影響については、見解が一致していないことを見てきた。面白いことに、注意深く読むと、研究者によって分析結果に偏りがあるのが分かる。移民は市民労働者に良い影響があるとするピエリに対し、悪い影響があるとするボージャスはその対極だ。論文の共著者や謝辞に含まれる研究者名をまとめてみると、なんとなくその対立軸が見えてくる（図表1-5）。

ピエリは、オッタビアーノと交流があり、オッタビアーノの論文にはカードの名前も見られる。彼らは、移民に対して寛容な分析結果を示している。一方、第4章で紹介されるコルテスの論文の謝辞にはボージャスの名前がある。彼らの研究は、移民に対して慎重な分析結果を示している。オッタビアーノを除き、ここで名前の挙がった人たちは、アメリカにおい

図表1-5　移民の受け入れについての主要な研究者のスタンス

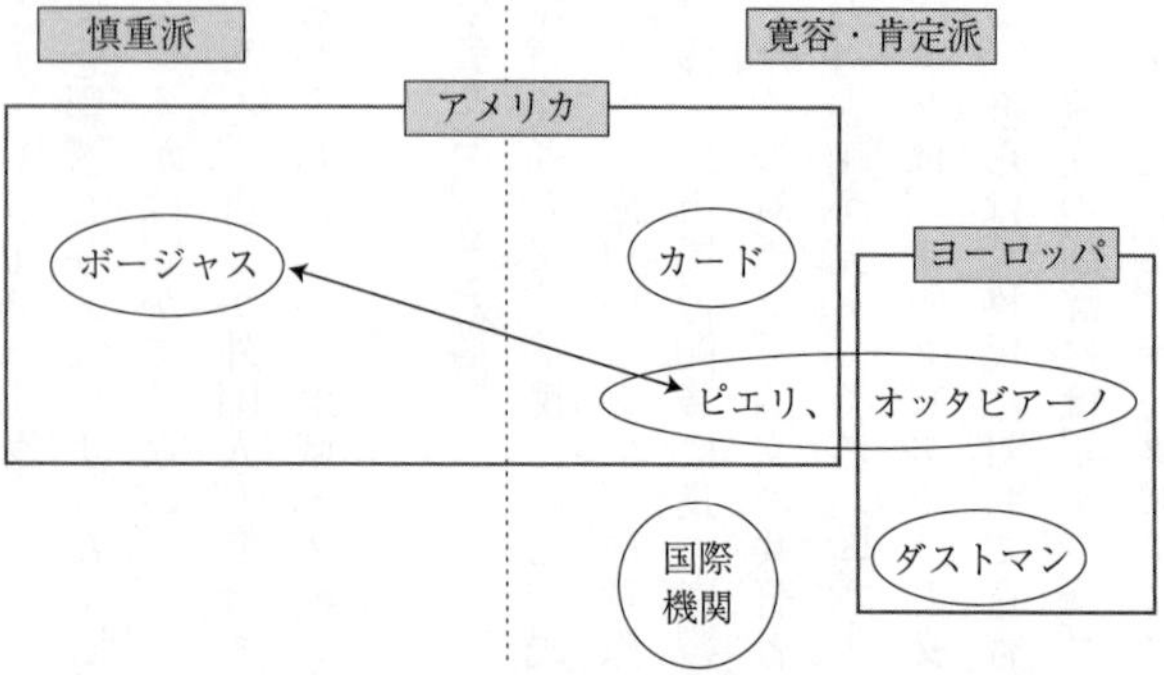

研究者の信条とは無関係に、移民受け入れの影響を分析した研究結果に基づいた分類。筆者作成

て経済学の観点から移民を研究する主要な学者だ。

また、第三勢力であるイギリスのダストマンは、移民の格下げ問題（移民の地位は、同じ学歴や職歴の市民よりも低い）を提唱して、前記の2グループとは違う新たな分析の切り口を提示している。移民をめぐる諸問題は、現在こうした研究者たちを中心に、活発な議論が行われている。

余談だが、移民の経済学で中心的な研究者の経歴を見ると、ある共通点に気がつく。生まれた国とは違う国で活躍していることだ。

移民慎重派の筆頭として見られているボージャスは、自らもキューバからアメリカへの移民だ。コロンビア大学を卒業後、筆者も一時助教授として勤務したニューヨーク市立大学クイーンズ校の助教授から始まり、カリフォルニア大学サンタバーバラ校やカリフォルニア大学サンディエゴ校を経て、ハーバード大学の教授になった。精力的に論文を発表した結果である。

社会科学では「移民（多様性）は好ましい」とする傾向があり、肯定的な論文に比べ、否定的な結果を示すと受理されにくいという出版バイアスがある。そのなかで、ボージャスが多くの論文を発表できたのは、イデオロギーには触れず、移民の効果を測定する技術的な貢献をしたからだと、自らの著書で述べている。

移民の受け入れについて、ボージャスは慎重派の筆頭と見なされているとしたのは、本人は移民反対派ではないと述べているからだ。あくまで、経済的恩恵が大事であるなら、低技能移民の受け入れは慎重にすべきだとする。経済学的な分析に基づき、「もし○○ならば、○○である（if…, then…）」と述べているにすぎないというのである。

彼には、信念に基づき、我が道を行く人という印象を受ける。また、移民だけではなく、就活における性差別のような神経質な問題にも、世間におもねる発言をしないため、非難を浴びることもあるようだ。ちなみに、彼自身は保守主義を公言していると報道されている。

これと対照的なのがピエリだ。イタリア生まれで、カリフォルニア大学デービス校で教授を務めるピエリは、移民に対して一貫して肯定的な論文を発表し続けている。そのピエリがよく共著をするオッタビアーノも、イタリア生まれの経済学者で、ロンドン・スクール・オブ・エコノミクスにいたが、２０１９年にイタリアに戻っている。

また、ドイツ出身のダストマンは、イギリスのユニバーシティ・カレッジ・ロンドンの教授だ。アメリカのジョージア大学で経済学の修士号を取得した以外は、ヨーロッパを拠点として活躍している。

労働経済学の大家であるカードはカナダ人で、カリフォルニア大学バークレー校の教授だ。移民に限らず幅広い研究を行っており、1995年のジョン・ベイツ・クラーク賞を受賞している。この賞は、40歳以下のアメリカの経済学者に授与される大変名誉な賞で、その受賞者のかなりの割合が、後年ノーベル賞を受賞している。政治問題には、あまり立場を明確にしない学者だといわれている。

海外では大学によって経済学的にまったく違う考え方をとることがあるが、出身大学はバラバラであり、移民に対するこの4人の考え方に、そうした影響はないようだ。ボージャスは1975年にコロンビア大学から博士号を取得しているが、ピエリは98年にカリフォルニア大学バークレー校から博士号、オッタビアーノは98年にベルギーのルーヴァン・カトリック大学から博士号、ダストマンは92年にイタリアの欧州大学院から博士号を取得している。カードは83年にプリンストン大学から博士号を取得しており、ボージャスとカードは、他の研究者より研究歴が長い。

国際機関の傾向

移民問題を研究しているのは、大学の研究者だけではない。国際機関もその成果を発信している。通常、国際機関の研究は、移民に対して好意的な見方をする。

たとえば、「移民は経済にとって良いことか」と題したＯＥＣＤの報告書では、①急速に成長している産業分野と衰退している産業分野の両方で、移民労働者は重要な位置を占めている、②移民は、公的サービスの利用よりも、税や社会保障の負担の方が多い、③移民は技術進歩に寄与している、と報告されている（OECD, Migration Policy Debates, May 2014）。

その報告書によると、労働市場では、退職が近い移民に比べて、若い移民の教育水準は高くなっている。また、移民が働いている分野には、急速に成長しているために人が足りないとされる医療やＳＴＥＭ（科学、技術、工学、数学）分野だけでなく、国内の労働者がやりたがらないような機械操作員や組立工などの衰退している産業分野の仕事がある。いずれにしても、移民労働者による貢献が見て取れる。

税や社会保障負担についても、多くの国において移民の財政的な貢献が見られる。一般に信じられていることとは裏腹に、低学歴である移民は、低学歴の市民よりも、財政的に貢献していると記述されている。その理由は単純だ。市民と比べると、移民は若くて生産活動を行う年齢なので、「従属人口指数」を減らす。生産年齢人口（15～64歳）に対する老年人口と年少人口の合計の比率を従属人口指数という。ちなみに、生産年齢人口に対する65歳以上の老年人口の比率を「老年人口指数」、生産年齢人口に対する14歳以下の年少年齢人口の比率を「年少人口指数」というが、両指数の合計比率が従属人口指数になる。移民が増えると、人口に占める経済的に依存する人たちの割合が減るので、財政が改善する可能性がある。

最後に、移民は革新を起こし、成長を促すとされている。１９８６年から２００６年までの22のＯＥＣＤ加盟国のデータを使った分析によると、移民によって、経済がわずかながらも成長しているそうだ。

２０１４年の報告書なので、その執筆時には、本書で紹介されているいくつもの陰鬱《いんうつ》な研究結果がすでに発表されている。にもかかわらず、移民が受け入れ国の経済に与える影響については、かなり前向きな見解であるのが分かる。

研究結果や政府発表をうのみにするのではなく、見解に相違があることを意識しながら資料を精査すると、それぞれの立場が見えてくるだろう。どの見解が正しいということはないが、自分の考えに近いものが見つかるかもしれない。判断の参考にしてほしい。

＊

第1章では、移民が市民の賃金に与える影響を見てきた。分析方法によって結果が異なり、その結論は一致を見ていない。地域分析によると市民の賃金への影響はあまり見られないが、学歴・職歴に基づいた分析では、市民の賃金を下げる傾向がある。ただ、これらの分析も十分なものとはいえず、考慮されていない要素もある。移民の地位は、彼らと同じ学歴や職歴の市民よりも低いという格下げ問題はその一つだ。この分野では、労働市場で移民と競合するのはどのようなタイプの市民なのかを見極めることが重要だ。賃金や雇用への影響を左右するからだ。

このように移民による市民全体への影響は不明とはいえ、移民によって雇用環境が悪化する市民層がいそうなことは確かだ。移民と競合する市民の人たちだ。こうした懸念があるにもかかわらず、移民受け入れが提唱される理由の一つが経済成長だ。移民がその源泉となるというのである。次章では、その真偽について見ていこう。

第2章　経済成長の救世主なのか

前章では、経済活動の一分野である労働市場に焦点を当てたが、本章では、経済全体に与える影響を考える。テーマは経済成長だ。移民を受け入れると、経済が成長するという議論があるが、こうした主張はどのような分析に基づいているのだろう。また、そのメカニズムはいかなるもので、分析に問題はないのだろうか。労働力としての移民が、経済を直接成長させるという議論だけでなく、移民の受け入れは、貿易や投資の拡大を通じて間接的に経済成長に寄与するという議論とも合わせて、見ていこう。

1　国境をなくせば世界は豊かになるのか

国境がなくなれば生産性が上がる理由

通常、多くの国では移民の受け入れに制限がある。自分の住みたい国に住めるわけではない。しかし、国境がなくなり、自由にいろいろな国に行けるようになると、世界の「GDP（国内総生産：Gross Domestic Product）」が増えるという主張がある。GDPとは、国内で一定期間内（通常、1年間）に生産されたモノやサービスの付加価値の合計額のことで、経済的豊かさの指標として、よく使われている。

最近の研究では、労働者が国境を越えて自由に移動できるようになると、世界のGDPが67％から147％増えると試算されている。[*1] つまり、移民障壁を撤廃する（国境をなくして移民を受け入れる）と、経済的に豊かになる。世界のGDPが1・7倍から2・5倍に増えることはかなりの効果だ。仮に毎年3％で成長したとしても、世界のGDPが2倍になるには約23年かかる。IMF（国際通貨基金）によると、2010年代の世界のGDP成長率は、3％後半だ。研究によってGDP増加の程度は異なるが、国境開放の効果はかなり大きいことが分かるだろう。

では、移民により世界のGDPが増えるのはなぜだろう。その主な理由は、途上国から先進国へ移る労働者の生産性が上がるからだ。こうした議論では、経済的に貧しい国から豊かな国への移民を想定しているが、途上国の人が資本豊かな先進国で働くと、生産性が上がる。たとえば、10年前のPCより、最新式のPCで作業する方が、早く仕事をこなせる。また、シャベルで地面を掘るよりも、ドリルで掘った方がよく掘れるだろう。つまり、私たち自身の能力・体力は変わらなくても、優れた機械などの生産設備を使うと、私たちはより生産的になるという理屈だ。

また、効率的に経営されている企業や腐敗の少ない社会制度なども、私たちが生産的に働く手助けをする。先進国へ来た移民労働者は、これまでとは異なり、より好ましい環境で働く機会に恵まれる。そのため、彼らの生産性は上がり、世界全体で見ると、GDPが増える。

大量の移民が先進国を変質させたなら

しかし、こうした主張には、懐疑的な見解もある。第1章でも登場したハーバード大学のボージャスは、モデルの想定する仮定次第で、GDPの増加額は大きく減少すると警告している。[*2] たとえば、二つの地域（途上国と先進国）における賃金格差を理由に、労働者が途上国から先進国へ移動する単純なモデルを考えよう。ボージャスの試算によると、移民障壁の完全撤廃によって、世界のGDPは約60％増加する。これまでの研究による試算（67％から147％）と同じような結果だ。

このとき、GDPの数値の陰で、あまり語られないシミュレーション結果がある。それは、より高い賃金を求めて、大量の労働者が途上国から先進国に移民していることだ。具体的なイメージがわくように、移民障壁の撤廃前には、先進国に6億人、途上国には27億人の労働者がいる（2011年時点での世界銀行の推定に基づく）としよう。その場合、世界のGDPが約60％増加する背後で、26億人にものぼる労働者の移民が起こることになる。実に、途上国の95％の労働者が先進国に移民し、その数は先進国における労働者数の4倍強だ。

また、移動するのは労働者だけではない。その家族も同伴するとしたらどうだろう。先ほどと同様に、先進国の人口が11億人、途上国の人口が59億人とすると、単純計算で56億人が先進国へ移民することになる。

この試算から分かることは、GDP増加という恩恵の背後には、きわめて多くの人が移民することだ。その結果、どのようなことが起こるだろう。

ボージャスが危惧《きぐ》するのは、移民が受け入れ国の政治経済ならびに社会制度・組織を、急激に変えてしまう可能性だ。たしかに、これだけ多くの移民が起こると、素人目にも、先進国が移民流入前と同じ国家でいられるのかという疑問がわいてくる。

では、なぜそれが問題なのだろうか。先進国における制度や組織は、先進国が途上国より豊かであるための基盤だと考えられている。たとえば、賄賂《わいろ》の禁止は公平な競争を促進し、経済を活性化する。しかし、賄賂が一般的な途上国もあるだろう。このため、移民は望ましくない規範を持ち込み、従来の社会に影響を与えるかもしれない（こうした可能性については、第6章1「多文化共生で地域の結びつきが薄れるのか」で改めて議論する）。

生産性の優位を支える制度や組織に大きな変化があれば、GDPも期待どおりには増えないだろう。試算の前提が崩れてしまうからだ。もし、移民先に途上国の制度や組織が持ち込まれると、世界のGDPはあまり増えないどころか減ることもありえる。ボージャスの試算では、移民によって、先進国の制度や組織の75％が途上国の制度や組織のように非効率となった場合、世界のGDPは約8％減少してしまう。

世界のGDPが大幅に増加するという主張は、移民受け入れを提唱する一つの理由だ。しかし、その試算結果は、先進国の制度や組織が不変であることを前提にしている。社会が急激に変化すると、こうした前提が崩れるかもしれない。すると、まったく逆の結論が導かれることもある。移民によるGDP増加の恩恵がなくなるわけだ。

シミュレーションの扱い方

それ以外にも、本質的な問題がある。そもそも経済学は、エッセンスを抽出するため、現実の骨子を抜き出して、モデルを設定する。その過程で、「もし○○ならば、○○である（if…, then…）」というアプローチをとり、現実を簡略化するための仮定がおかれる。このため、モデルの仮定に応じて、結論も変わってくる。

たとえば、移民がGDPに与える影響を試算する例でも、すべての労働者が同質だったり、労働市場が瞬時に賃金を調整したりする。つまり、市民か移民かを問わず、労働者は同じ能力を持ち、同じ賃金を受け取ると仮定している。そうした仮想空間で、大量の移民が一斉に起こり、すべてが一瞬のうちに変化するのだ。かなりの単純化が行われている。しかし、移民労働者は、市民労働者と同じ役割を担えないかもしれない。

こうした試算は、大雑把なシミュレーション結果、つまり、いろいろな仮定を前提とするモデルからの推測にすぎない。経済学を生業としながら、試算を眉唾《まゆつば》だと指摘するのには自己矛盾も感じるが、政策予測はまだまだ未熟で、発展途上の分野だ。また、「経済政策を売り歩く」人たちの発言は、その人の立場に左右されることもある。安価な労働力を必要とする産業界を代表する学者は、移民推進の論陣を張ったりする。

ボージャスは、簡単な数値例を使いながら、メディアを賑わす試算結果をうのみにせず、注意深く移民の影響を考える必要性を説いている。移民をめぐる議論は、人種などの問題と結びつけられることもあり、デリケートな論題だ。自らがキューバからアメリカへの移民であるボージャスの論調には、感情に流されず冷静に物事を判断しようとする強い姿勢が感じられる。

「移民によって世界のGDPが○%増加」といったキャッチーな一面だけがメディアを騒がせ、独り歩きする傾向がある。しかし、その数字自体よりもむしろ、こうした試算を通じていろいろな可能性を点検し、議論の参考にする方が適切な態度ではないかと感じている。

移民が経済を成長させるという議論は、労働力の効率的な配分によって、直接経済を成長させるものだけに限らない。移民が貿易を促進し、貿易の拡大を通じて、間接的に経済が成長するという経路も指摘されている。次節以降では、そうした間接的な効果について見ていこう。

2　貿易振興で経済が活性化するのか

移民が増えると貿易が盛んになる理由

移民受け入れは、労働力不足の解消だけでなく、貿易の振興にも役立つので、経済を活性化させるという見解がある。国際貿易は、地域の経済成長や雇用創出を後押しする重要な要素だと考えられているからだ。このため、貿易が盛んになれば地域経済が活性化すると期待されている。もちろん、こうした作用は地域経済にとどまらず、国家全体の経済にも期待できる。つまり、移民の受け入れは、貿易の促進を通じて経済を活性化する恩恵があるのだ。

では、どうして移民が増えると、貿易が盛んになるのだろう。

その理由は、国際貿易の特殊性にある。外国と取引する貿易には、国内取引とは違った難しさがある。国際ビジネスを円滑に進めるには、地域特有の商慣行や法律などの情報が必要だ。しかし、部外者である外国人は、そうした情報を容易に入手できない。部外者が有用な情報を集めようとすると、かなりの費用がかかってしまう。つまり、国際貿易には、輸送費用や関税のように目に見える障壁だけではなく、情報のように目に見えない障壁もあるのだ。

移民は、こうした情報問題を緩和する役割を果たしてくれる。彼らは、出身国の市場についていろいろな知識を持っている。地元消費者の嗜好《しこう》だけでなく、企業慣行や商慣行、政策の予見性（将来、政策がどう変わるかなど）などだ。たとえば、ブローカーとして貿易を仲介する移民は、二国間の売り手と買い手をマッチングして、情報に関連した貿易障壁を緩和してくれる。

その結果、貿易が拡大する。移民が二つの国を橋渡しすることで、市場開拓の情報や機会が低い費用で得られるからだ。また、移民の民族ネットワークや語学・文化風習の知識なども、取引を円滑にして貿易を促進すると考えられている。コミュニケーションの障害に関する貿易費用が低下するためだ。

移民の民族ネットワークは、取引の不履行も抑制する。自己中心的な移民がズルをすると、同胞の評判を下げてしまう。そこで、見せしめとして、ズルをした移民は同胞のコミュニティーから締め出される。こうした自浄作用のおかげで、移民ネットワークを通じた取引が保証され、取引リスクが低くなる。そのため、貿易が促進するとされているのだ。

信頼できる取引関係の構築は、特に発展途上国との取引において、その重要度が増す。先進国に比べると、発展途上国では貿易の契約が制度化されていないことも多くある。このため、契約交渉やその執行を担保する移民ネットワークが、保証機関のような役割を果たす。

移民の民族ネットワークのように、グループ内やグループ間の協力を促進する価値観を持つつながりを「社会関係資本」と呼ぶ。

さらに、移民は輸入を増やすともいわれる。移民が出身国の商品を欲しがるため、輸入が増えるからだ。海外で暮らし、日本食が恋しくなった経験がある読者は、こうした意見にも納得がいくかもしれない。また、移民コミュニティーの食文化（エスニックフード）が市民に浸透すると、輸入がさらに増えることになる。ここでは分かりやすく食品の例を使ったが、輸入されるものは食品に限らない。自動車や家電だったりもする。

要約すると、移民の民族ネットワークは社会関係資本を形成する。そして、形成された社会関係資本は、前述のようにいろいろな経路を通じて、貿易を促進させるのだ。

消費財の輸出拡大

移民と貿易の関係に関するこうした考えは、いくつかの研究によって検証されている。ダラス連邦準備銀行のグールドは、1970年から86年までのアメリカと47ヵ国の間の貿易データを使って研究している。[*3] 彼の分析では、アメリカにいる移民数は、彼らの出身国との貿易（輸出・輸入のいずれとも）と正の相関があることを示している。また、移民による貿易拡大は、輸入への影響よりも、輸出への影響の方が大きくなっている。

ただ、こうした効果はすぐに表れるわけではない。輸出拡大が見られるのは、移民して3・8年後あたりからだ。アメリカで得た知識を出身国についての知識と結びつけて、成果が出るまでに時間がかかるためと考えられている。一方、輸入は移民当初から増えるが、その効果は時間の経過とともに弱くなる。移住してから長くなると、アメリカの生活になじむからではないかと推測されている。

また、移民による貿易拡大効果は、財の種類によっても違う。生産のために使われる財

（生産財）よりも、私たちが直接消費する財（消費財）の方に、より大きな影響が認められている。消費財と生産財は対になる概念で、消費財の生産に使われる投入物が生産財となる。なかでも、消費財の輸出に、その影響が強く表れるとする。つまり、外国で消費されるモノの輸出が増えるわけだ。

輸入への影響の方が大きい？

しかし、輸出と輸入どちらへの影響が大きいかについては、違った意見もある。たとえば、ブリティッシュ・コロンビア大学のヘッドとリーズによる研究は、カナダにいる移民数が10％増えると、カナダから移民出身国への輸出が１％程度、移民出身国からカナダへの輸入が３％から４％程度増えるとする。[*4] １９８０年から92年までのカナダと１３６カ国の関係を分析した結果だ。同様に、１９８０年から２００１年までのアメリカと73カ国との間の貿易関係を分析した研究でも、アメリカにいる移民数が10％増えると、典型的な低所得国からの輸入が４・７％増え、低所得国への輸出が１・５％増えるとされている。

つまり、これらの研究では、輸出への影響より、輸入への影響の方が大きいとするのだ（専門的には、移民の輸入弾力性は、輸出弾力性よりも高いという）。どちらが大きいかによって、私たちの生活への影響も変わってくる。輸出を凌駕《りょうが》して輸入が拡大すると、地域経済を活性化するどころか、逆に輸入品と競合する国内産業が縮小を迫られるかもしれない。

このトピックは研究者の注目を集め、いくつもの論文が発表されている。そこで、これまでの研究をまとめると、次のような傾向が見られる。まず、分析対象となる国によって結果はまちまちだが、輸出への影響より、輸入への影響の方が大きいとする国が多くなっている。輸入の場合には、移民の民族ネットワークによって貿易障壁が緩和されるだけでなく、出身国の商品に対する需要という二つの経路が働くため、その効果が大きくなるのではないかと考えられている。ただ、グールドのように違う研究結果もある。分析の対象となる国の違いだけでなく、同じ国の分析でも、データの期間や分析方法によって、結果が違うのが現状だ。たとえば、時間の経過とともに、主要な移民の出身国（つまり、移民の性質）が変わったりすることを考えれば、相反する結果が示されることも十分にありうる。分析が割れる理由については、引き続き研究が行われている。また、輸出と輸入への影響の程度については意見が分かれるが、移民が貿易を拡大させるという結論はおおむね同意を得ている。

さらに、同質的な財よりも、差別化された財の方が、貿易拡大の効果が大きい。差別化された財の取引ほど、情報に関連した貿易障壁を緩和させる移民の機能が発揮されるからではないかとされている。どれを買っても同じような（同質的）財よりも、それぞれ独自の特徴がある（差別化されている）財ほど、詳細な情報が必要になるからだ。

貿易拡大の影響

このように、移民の民族ネットワークは社会関係資本を形成し、貿易を促進させると考えられている。国際貿易の障壁となる情報問題を緩和したり、取引の不履行を抑制して、取引リスクを減らしたりするからだ。

では、外国人増加による貿易拡大は、私たちの生活にどのような影響があるだろうか。労働市場の観点から見ると、輸出が増える国内の成長産業では、人手が不足して賃金が上がる一方、輸入が増えて衰退する国内産業では、仕事が減って賃金が下がったり、失業したりする可能性もある。

しかし、実際に誰が恩恵を受けるかはかなり複雑で、外国人労働者の受け入れ状況（業種や人数）だけでなく、世界経済の状況（景気）にも左右される。ただ、すべての人に恩恵があるというわけではなく、得する人と損する人がいるのは確かだ。

一方、消費者の観点からは、いろいろな財やサービスをより安く消費できるようになる（後述、第4章1「生活費が安くなり、購買力が上がるのか」を参照）。労働者の視点と消費者の視点を勘案しないといけない。自分がどの立場にいるかによって、総合的な評価は変わってくる。

知的財産貿易への期待

成熟した先進国では、持続可能な成長を達成するため、知的財産貿易の拡大が期待されている。こうした先進国々では国際収支の構造が変化し、多くの国で貿易赤字となっているが、サービス貿易は黒字となっている。サービス貿易のなかでも、特に知的財産の輸出が注目されているのにはわけがある。知的財産の使用料が、アメリカのサービス貿易黒字の主な要因となっているからだ。また、長い間貿易黒字を謳歌《おうか》した日本だが、2011年から貿易赤字となる一方で、海外からの特許権使用料は03年から増え続けている。

知的財産なんてあまりもうからないのではと思われる方もいるかもしれない。しかし、知的財産の取引量はかなり大きく、全世界における知的財産からの収入は、金融サービスの貿易水準と同程度だ（2013年時点）。また、アメリカにおける知的財産からの収入は、自動車産業の輸出と同水準だ。知的財産貿易の規模が大きく、主要な産業と比べても重要な位置にあることが分かる。

また、知的財産貿易の主役は先進国だ。アメリカの知的財産収入は世界一であり、EU（ヨーロッパ連合）と日本がそれぞれ2位、3位と続く。経済成長率が鈍化している成熟した先進国で、知的財産貿易がこれまでの産業に代わる輸出の牽引《けんいん》役として期待されるのもうなずける。

移民と知的財産収入

知的財産貿易の振興と関連して、移民が増えると知的財産貿易が拡大するという見解がある。先ほどの、移民が増えると貿易が増えるという考えの拡張版だ。有形資産である「財の貿易」の分析を無形資産にも適用したわけだ。

前述のように、移民による貿易拡大効果は、独自の特徴がある差別化された財ほど大きいことが分かっている。こうした財ほど詳細な情報が必要になり、関連費用を低下させる移民のネットワーク効果が発揮されやすいからだ。知的財産という無形資産の場合には、こうした効果が発揮される余地がさらに増えると考えられる。

最近の研究では、移民が増えると海外からの知的財産収入が増える可能性が指摘されている。1999年から2015年までのデータを使い、アメリカと17のOECD諸国間の知的財産貿易を分析した結果だ。[*5] それによると、アメリカにいる移民数が多いほど、アメリカにおける海外からの知的財産収入が高くなっていた。アメリカにいる移民数が1%ポイント増えると、アメリカの収入が0・06%増加するとされている。また、17のOECD諸国からの知的財産収入（2010年時点）に基づいて試算すると、アメリカの収入増は4400万ドル（当時の為替レート、1ドル88円で換算すると38億円）となっている。

ちなみに、%（パーセンテージ）ポイントとはパーセントの差のことであり、たとえば、16%から21%に変化したとき、「5%ポイント増えた」という。「5パーセント増加」でもよいのではと思われるかもしれないが、これだと誤りになる。16%から5%増えると、0・16＋0・16×0・05＝0・168、つまり、16・8%に変わることを意味するからだ。

日本の知的財産収入への影響

日本についての分析でも似たような結果が出ている。1996年から2009年までの日本と15カ国間の知的財産貿易についての研究だ。[*6] 分析の結果、日本にいる移民数が増えるほど、日本の特許等使用料収支（日本が海外から受け取る知的財産からの純収入）が増加する結果となっていた。日本政府は移民政策をとらないという建前のため、移民といってもピンとこないかもしれない。この分析では、90日を超えて日本にいる外国人登録者（すでに廃止になった外国人登録制度）を移民として扱っている。

こうして見ると、移民によって知的財産収入が増えるのは、移民ネットワークによる情報関連費用の低下だけが理由ではないかもしれない。移民のうち一定割合は高度な技能を持つ人たちだ。こうした移民が国内での研究開発に貢献している可能性がある。興味深いことに、先ほどの研究では、日本から発展途上国への移民が増えると、日本の特許等使用料収支が減ることも示されている。

これらの研究は、経済が成長し続ける社会を志向するならば、日本経済の活性化のために、外国人労働者を積極的に受け入れるのも一つの手立てであることを示唆している。ただし、現状と同じようなペースで外国人が増えた場合という条件がつく。外国人の受け入れ数が急激に増えた場合に、どうなるかは分からない。前節で述べたように、生産活動の基盤である社会制度が大きく変わってしまうかもしれないからだ。この点に関しては、改めて考えよう（第6章「治安が悪化し、社会不安を招くのか」を参照）。

本節では、移民が貿易に与える影響を見てきた。次節では、対内直接投資との関係で移民を考える。生産活動には労働力と資本が必要だが、移民（労働力）を受け入れると、同時に海外からの直接投資（資本）も増えるという議論だ。すると、移民を契機として、国内の生産活動が拡大し、経済が成長する可能性があるのだ。

3　直接投資を促進するのか

少子高齢化は人とお金を減少させる

高齢化は多くの先進国が抱える問題だが、世界でもっとも高齢化が進んでいる国が日本だ。国連の「世界人口高齢化報告書（World Population Ageing）」によると、2017年時点で60歳以上が人口に占める割合は、日本の33・4％を筆頭に、イタリアが29・4％、ドイツが28・0％と続いている。

65歳以上の高齢者人口（老年人口）で見ても同じような結果になっている。国連の「世界人口見通し（World Population Prospects, 2017）」によると、世界の「高齢化率（65歳以上の人が人口に占める割合）」も、日本が26・0％、イタリアが22・4％、ドイツが21・1％と続く。

ちなみに、15歳以上65歳未満の人口は、「生産年齢人口」と呼ばれ、生産活動の中心と考えられている。日本では、1995年をピークに生産年齢人口の減少が観察されている。高齢者が増えて、生産活動を担う人口が減っているのだ。

日本のように少子高齢化が進めば、生産年齢人口は将来、確実に減っていく。また、生活のためにこれまでの貯蓄を取り崩す高齢者が増えると、国内の貯蓄も減る（図表2-1）。持

図表2-1　日本の家計貯蓄率と生産年齢人口の推移

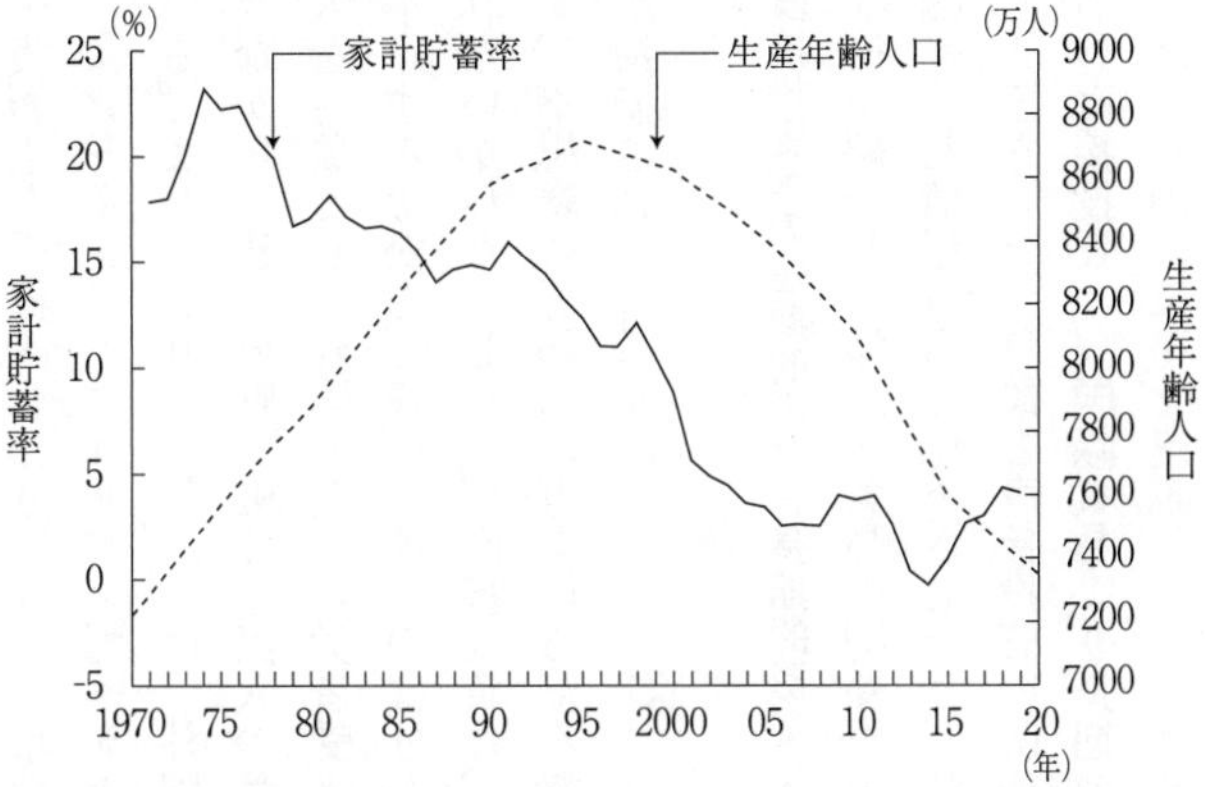

家計貯蓄率は、OECD Economic Outlook No. 104 - November 2018 : Household saving rates - forecastsより、生産年齢人口は、2015年までは総務省「国勢調査」、2020年は国立社会保障・人口問題研究所「日本の将来推計人口（平成24年1月推計）」より筆者作成

続的な経済成長には投資が欠かせないが、貯蓄が減ると投資に使えるお金が減ることになる。このため、経済学的に見ると、少子高齢化は、生産活動に必要な「人」と「お金」の両方を減少させていくと危惧されている。

そこで、持続的な成長に必要な人とお金の両方を外国から呼び込もうという議論がある。不足する労働力を補うために移民を受け入れ、国内貯蓄に代わるものとして海外からの直接投資（企業を買収したり、新規工場を建設したりする投資）を促進するという政策だ。

日本政府は移民政策をとらないとしているが、これまでにも外国人研修・技能実習制度によって農業などの分野で研修生・実習生を受け入れたり、経済連携協定（Economic Partnership Agreement：ＥＰＡ）に基づき、インドネシア、フィリピン、ベトナムから看護師・介護福祉士候補者を受け入れたりしている。また、２０１５年からは、外国人建設就労者受入事業により、20年までという期限つきながら、建設分野で働く外国人の受け入れが始まった。同様に、15年から造船分野の外国人を対象とした外国人造船就労者受入事業も始まっている。

不足する労働力を移民で補うのは分かる。労働力が増えれば、経済成長にも寄与するかもしれないからだ。しかし、直接投資は、この本のテーマである移民とどのような関係があるのか、不思議に思われた方もいるだろう。実は、移民は海外からの直接投資を促進する可能性が指摘されているのだ。

直接投資への短期的影響と長期的影響

前節で紹介した移民と貿易の関係を思い出してほしい。移民の民族ネットワークは、取引に関連した情報費用を低下させたり、契約交渉や履行を円滑に進めたりするとされている。同じようなことが移民と直接投資の関係についてもいえるのではないかというのだ。

海外直接投資は、国際貿易より長期の観点から外国とのコミットメントを必要とする。たとえば、外国に工場を建設したとしよう。消費動向だけでなく、現地従業員やサプライヤー、政府職員との関係のように、情報収集の範囲が貿易よりも広くなる。直接投資の方がいろいろな判断を慎重に行う分、移民の果たす役割も増えるのだ。

移民が直接投資の流入を増やす可能性はいくつかの研究で示されている。たとえば、1996年から2011年までの日本と29カ国の間の移民と直接投資の関係を分析した研究では、日本に住んでいる移民が増えるほど、海外から日本への直接投資が増えるとする。[*7] 移民による民族ネットワーク効果が見られるのだ。専門的にいうと、移民のストック（日本に住んでいる移民累計数）は、直接投資のフロー（年ごとに見た直接投資）を促進する。

一方で、同時期に流入する移民と直接投資の間には負の相関が見られる。専門的にいえば、移民のフロー（年ごとに見た移民流入数）は直接投資のフロー（年ごとに見た直接投資の流入）を減らす。生産活動には人とお金の両方を使うが、相対的にどちらかが多くなると、もう一方がいらなくなるわけだ。つまり、短期的には、移民は海外からの直接投資を阻害する可能性がある。

このため、移民が直接投資を増やすかどうかは、二つの相反する効果を総合して判断しないといけない。長期的に見ると、移民の民族ネットワーク効果を通じて、移民は海外からの直接投資を増やす。しかし、短期的には、移民の流入は直接投資の誘致を妨げてしまう。

ただ、十分に長い時間を考えれば、長期的な民族ネットワークの効果は、短期的なトレードオフ効果を上回り、移民の受け入れと直接投資の誘致の間には相乗効果があることが示唆されている。移民の民族ネットワーク効果による直接投資増加額が、移民増加による直接投資減少額を凌駕するには、総合的に見て、数年単位の時間を必要とするようだ。

試算によると、日本への移民流入数が1％増えると、直接投資が2280万ドル（該当期間の平均為替レート1ドル110円で計算すると25億円）減る。一方、同数の移民が日本に10年住んだ場合、直接投資の増加額は7940万ドル（87億円）から1億4430万ドル（114億円）となっている。

技能労働者の場合、非技能労働者の場合

また、労働者の技能によっても、移民と直接投資の関係は変わる。移民として技能労働者を受け入れる場合と非技能労働者を受け入れる場合では、直接投資への短期的な影響が違うのだ。技能労働者である移民の流入は、海外からの直接投資を増やしていた。しかし、非技能労働者である移民の場合は、直接投資を減らしていた。ただし、長期的には、どちらの労働者でも直接投資を増加させている。移民の技能にかかわらず、長期的には直接投資の誘致を促す効果が認められるのだ。

移民が海外からの直接投資を短期的に阻害していたのは、非技能労働者である移民の影響

だと考えられる。移民の大部分を占めていたのが、非技能労働者だったからだ。日本に来る移民のうち、平均88％（年によってばらつきがある）が非技能労働者だ。

この結果は、第5章1「低技能労働者が増えると技術革新が遅れるのか」で触れる研究結果とも整合性がある。低技能労働者である移民が増えると、自動機械化のような投資が阻害されていたという結果だ。

ちなみに、ここでいう技能労働者は、研究者、技術者・エンジニア、外資系企業の経営者・管理者、医師、弁護士・会計士や大学教授などである。これらは「専門的・技術的分野」に該当する在留資格とされている職業だ。一方、非技能労働者には、技能実習生・研修生、介護福祉士候補者、留学生などが含まれている。職業分類に基づいて、技能労働者と非技能労働者を分けて分析しているのだ。

また、この分析では、移民は長期滞在者として定義されており、日本に数年滞在した後に母国に帰国する外国人を多く含んでいる。永住者の受け入れではなく、長期滞在者という形でも人的交流が進めば、長期的には直接投資の誘致が進む可能性があることになる。

地域経済への影響

これまでの議論は国家経済の観点から分析されているが、地域経済についても同じような結果が示されている。

サンディエゴ州立大学のフォードは、1990年から2004年までのアメリカ50州と10カ国との間の関係を考察して、アメリカの各州に住んでいる移民が増えると、その州への海外直接投資が増えることを示している。*8

この結果は、長期的な関係といえる。分析では、新規参入ではなく、各州に存在する外資系企業の数を海外直接投資としているためだ。専門的にいえば、海外直接投資のストックと移民のストックの関係を見ている。また、大卒以上の高学歴（技能労働者）の移民が、海外直接投資をより増やすことも示している。

さらに、アメリカに住んでいる平均年数が長い移民ほど、海外直接投資を増やしていた。長く住むほど政治的影響力が強く、豊富な地域情報を持っている可能性がある。一方、平均年齢が高い移民ほど、海外直接投資が減る。年をとるほど、母国とのつながりが希薄になり、移民の民族ネットワーク効果が働かなくなっている可能性がある。

ただし、はっきりとしたことは分からない。アメリカに長くいるほど、母国とのつながりが希薄になるとも考えられるからだ。同様に、高齢の移民ほど、政治的影響力が強かったり、地域の情報に精通していたりする。結局、居住年数と年齢のいずれも、両方の要素を含んでおり、いずれの変数がどちらの要素をとらえていると明言できない。

フォードは、時差を考慮した分析も行っている。たとえば、１９９０年にアメリカにいる移民（と外資系企業の数）が、91年の外資系企業の数とどのような関係にあるかを検証したのだ。その結果、移民は直近の海外直接投資を抑制していた。91年の海外直接投資とは負の関係にあったのだ。しかし、それ以降の海外直接投資とは正の関係、つまり、移民は海外直接投資を促進していた。

フォードは、その理由を次のように説明している。移民は高賃金で働ける州に移住する。しかし、多国籍企業は、賃金が高い州には参入しない。このため、移民と海外直接投資は、短期的には代替的な関係を示す。しかし、移民が多く住むようになると、情報収集や影響力という観点から、移民出身国の企業がビジネスをするのに有利な状況が生まれる。長期的には、後者の利益が前者の不利益を上回って海外直接投資が起こるので、移民と海外直接投資は補完的な関係になるのではないかと推測している。

分析に使われたのは、１９９０年から２００４年までの海外直接投資と１９９０年および２０００年における移民という限られたデータだが、前述した日本の分析と似たような結果になっている。国レベルで見ても、地域レベルで見ても、結果はあまり変わらない。

地方創生と観光

海外からの移住を推進して地域経済を活性化させせようとする試みは、あながち間違いではないかもしれない。移民が呼び水となって、海外資本も誘致される可能性があるからだ。日本国際交流センターの『「多文化共生と外国人受け入れ」に関する自治体アンケート2015―調査結果報告書―』は、都道府県と政令指定都市へアンケートを行っている。それによると、「人口減少・超高齢化が社会的に大きな問題となり、政府は自治体に対して自律的、持続的な地域社会のための「まち・ひと・しごと創生」に関する政策・施策の策定を求めています。貴自治体の政策・施策のなかで、どのような海外関連事業を展開する予定ですか」という質問に対し、外資系企業の誘致を挙げた自治体は都道府県で33・3%、政令指定都市で50%、外国人材の受け入れ、定住への支援を挙げた自治体は都道府県で18・5%、政令指定都市で40%となっている。

こうした日本の自治体の取り組み（外資系企業の誘致と外国人材の受け入れ）は、相乗効果を持って作用し、地域経済の活性化が加速される可能性がある。

また、右の地方自治体へのアンケートでは、地方創生のための海外関連事業のうち、もっとも回答が多かったのが外国人観光客の誘致である。外国人材の受け入れと比べると、日本での滞在期間が短い観光客だが、外国人材の受け入れと同じような効果があるのだろうか。

観光は、先進国におけるＧＤＰの３％から10％を占め、途上国のなかにはＧＤＰの40％を占める国もある。観光は、外貨や税収の獲得だけでなく、観光産業の発展によって雇用の創出や経済成長も期待されるため、注目を集める産業の一つだ。また、これまでの歴史的な経緯を見ると、観光産業の発展には、海外からの直接投資が重要な役割を果たすことが知られている。

特に、２００７年の国連による報告書が発表されてから、観光と海外直接投資の関係は、持続的な成長の牽引役の一つとして期待されている。海外からの観光客が増えると、観光関連産業で新たな雇用が生み出される。こうしたビジネスチャンスに、海外の投資家も反応し、ホテルやレストラン、旅行業などの観光関連の投資が誘発される。海外からの投資により外国人の利便性が増した観光産業は、ますます外国からの観光客をひきつけて発展するのだ。

日本でも国際観光は有望な産業として位置づけられ、日本経済の活性化に一役買うと期待されている。こうした姿勢は、２００２年に内閣によって策定された構造改革の議論に基づいて、国土交通省によって準備された「グローバル観光戦略」という報告書に見て取れる。

同様に、経済の活性化のために、直接投資の誘致も進められてきた。１９９０年代には、バブル経済の崩壊によって不況に陥った日本経済を立て直すため、直接投資の促進が提唱された。２００２年の構造改革の後には、地域経済の活性化や税収の確保のために、地方自治体が中心となって直接投資の誘致を進めた。

　こうした外国人観光客の振興と直接投資の誘致の間の相互作用を分析した研究がある。日本に直接投資を行っている主要な29の国や地域を対象とした分析だ。[*9]

　それによると、国際観光の振興と直接投資の流入には相乗効果がある。つまり、国際観光客数が増えると、観光関連の分野だけでなく、海外から日本への全般的な直接投資が増えることが示されている。日本への外国人観光客が1％増えると、日本への直接投資が約1・2億ドル（132億円）増えると推定されている。日本での滞在日数が90日以内の短期の外国人でも、移民の場合と同じような効果が見られるのだ。

　外国人材の受け入れだけでなく、外国人観光客が増えれば、海外から日本への直接投資が促進され、地方から日本経済を再生する可能性があるのだ。

　しかし、国際観光は万能薬ではない。たとえば、外国人観光客の増加は、地方の消費需要を喚起する一方、「オーバーツーリズム」問題を起こしている。交通渋滞や騒音、ごみ問題から、環境資源破壊まで、その地域の生活や環境に多岐にわたる悪影響を及ぼしているのだ。外国人の急激な増加は、その経済効果を減らすような副作用があることにも、留意しなくてはいけない。

＊

本章では、移民が経済成長に与える影響を見てきた。世界のGDPが大幅に増加するというのは、移民受け入れを提唱する大きな理由の一つだ。世界のGDPが増えるのは、途上国から先進国へ移住する労働者の生産性が上がるためだ。しかし、モデルが想定する仮定次第で、GDPの増加額は大きく変わる。特に、移民が先進国の政治経済ならびに社会制度を大きく変えてしまう可能性がある。先進国における制度や組織は、先進国が途上国より経済的に豊かであることの基盤だ。生産性の優位を支える制度や組織に大きな変化があれば、GDPも期待どおりには増えない。経済政策を売り歩く人たちの発言は、その人の立場に左右されることもある。試算の数字に踊らされず、議論の参考程度にするのが適切であろう。

一方、移民が、貿易や投資の拡大を通じて、経済成長を促す可能性はある。移民の民族的なネットワークが、国境を越えた貿易や投資を行う場合の障害を緩和する役割を果たすからだ。高齢化に直面する先進国では、生産活動に必要な労働力と資本の両方の減少が見込まれる。移民の受け入れは、不足する労働力を補うだけでなく、国内貯蓄に代わる投資資金を海外から誘致し、国内経済を持続的に成長させる手助けをしてくれる。

移民の受け入れを推進する理由には、経済成長以外にも、人手不足解消がある。次章では、人手不足が注目を集める看護師や建設作業員といった個別の職種に焦点を当てながら、移民の影響を見ていく。また、移民の活躍が期待される家事代行や育児支援サービス業が充実すると、女性の社会進出や出産にどのような影響があるのだろう。人手不足解消のために推進される女性の「活躍」と合わせて考えていこう。

第3章　人手不足を救い、女性活躍を促進するのか

本章のテーマは変化する労働環境だ。今後、仕事のあり方が大きく変わるだろう業種を個別に取り上げながら、移民の受け入れを一つの選択肢として考えていく。そういった業種には、看護師や建設作業員がある。移民は、本当に人手不足解消の切り札になるのだろうか。むしろ、市民の看護師や建設作業員の仕事を奪ってしまうだけという懸念もある。

家事代行や育児支援サービスに関する議論も同様だ。特に、移民が家事や育児をサポートすることで、女性の社会進出が加速し、子供を産みやすくなると期待されている。移民は、女性が活躍できる社会の実現に本当に寄与するのだろうか。本章では、予期せぬ副作用が生

じる可能性についても触れていく。

1　看護師不足を解消するのか

詳細な分類で見る

不足している看護師を移民に頼ろうという見解がある。看護師不足に悩んでいる国は日本だけではない。アメリカも同じだ。このため、アメリカ政府は、過去に外国で訓練を受けた看護師の受け入れを拡大したことがある。

しかし、外国で訓練を受けた看護師の受け入れ（移民）には懸念も示されている。外国から移民として看護師を受け入れると、国内で訓練を受けた看護師の賃金を減らすかもしれない。その結果、将来、市民である看護師の数が減ってしまい、かえって看護師不足を悪化させるかもしれないのだ。

移民看護師の受け入れは、立場によって賛否が分かれている。看護師不足に悩む病院側は、移民看護師の受け入れを支持している。一方、アメリカ看護師協会は、移民看護師の受け入れは一時しのぎにすぎず、職場環境改善の取り組みを遅らせるとして、強く反対している。市民にとって、看護師が不人気となった理由をよく考えるのが先決とする。

たしかに、病院側が、賃金の高い国内の看護師を、賃金の安い外国からの看護師に入れ替えれば、市民の看護師の賃金を下げるだけでなく、医療の質が落ちてしまう不安がある。一方、外国からの看護師が、市民の看護師と同じ能力にもかかわらず、安い賃金で働いてくれるのであれば、医療費用を抑えられるメリットがある。このとき、市民の看護師の賃金にも影響がなければいいことずくめだ。

第2章までの議論を思い出してみよう。移民による市民の賃金への影響を考えるとき、重要な点は移民と市民の競合だった。ただ、これまで紹介した議論では、地域や学歴別など、かなり大まかな労働市場を考察していた。たとえば、一つの地域には、弁護士や医者、看護師や家事代行業者など、いろいろな職種の人がいる。これまでの議論では、こうした人たちへの影響を総合的に見ていたのだ。

しかし、移民と市民の競い合いは、たとえば看護師のように詳細な職種による分類で見た方が顕著だろう。移民の看護師が、市民である弁護士の仕事を奪う可能性は低く、移民の看護師が競合するのは市民の看護師だと想定するのはもっともである。そこで、本節と次節では、詳細な職種による分類に基づいた分析を見ていこう。

市民看護師は減るのか

アメリカの場合、看護師資格は州ごとに取得する必要がある。そこで、州レベルのデータを使って分析したところ、外国生まれの正看護師の移民により、州レベルで見た看護師の数自体は増えていることが分かっている。市民の看護師が辞めても、看護師全体で見ると、数は増えているのだ。ある州に外国からの看護師が2人増えると、市民の看護師がだいたい1人減るとされている。また、看護師の移民によって、市民の看護師の賃金や年収を下げた明白な証拠はなかった。[*1]

似たような研究は他にもある。ボストン大学のコルテスとシンガポール国立大学のパンは、外国生まれの正看護師（登録看護師）の移民が、市民である看護師の雇用や職業選択にどのような影響を与えているかを、長期的な観点から分析している。[*2] 1980年から2010年まで（1980年、90年、2000年、10年）のアメリカの国勢調査のデータを使って、10年間に変化した「都市人口1人当たりの市民看護師数」が、10年間に変化した「都市人口1人当たりの移民看護師数」と関連があるかを検証したのだ（図表3-1）。

都市別のデータを分析したところ、市民の看護師は、かなりの程度、移民の看護師と入れ替わっていた。10年間にある都市で移民看護師が1人増えると、その都市における市民の看護師が1人から2人少なくなっていたのだ。また、都市別だけでなく、職業経験別に見ても

図表3-1　アメリカにおける登録看護師の推移

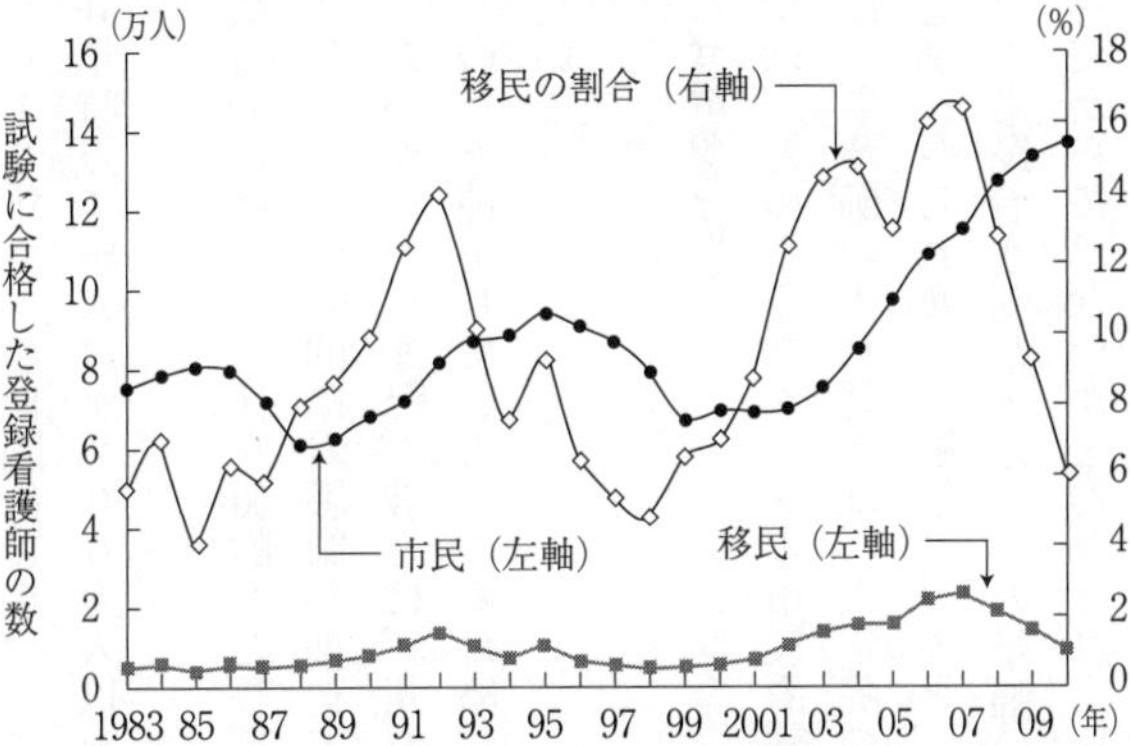

Cortés and Pan (2014) より抜粋して作成。看護師試験を受けた移民（海外で教育を受けた人）の割合が減ると、市民の看護師試験の合格者数が増えているのが分かる

同じような結果が出ている。ある都市において、職業経験（年齢と学歴から推測される）ごとで分類された移民看護師が１人増えると、その都市において同様な経験を持っている市民の看護師が０・９人少なくなっていた。

移民看護師が全体の看護師数に与える影響の程度は、分析の対象期間や地域によって、多少異なる。

最初に紹介した研究は、１９８８年から２００４年までの期間に４年おきに収集されたデータを使って分析している。また、２０００年時点で人口の少なくとも５％が移民（外国生まれ）である27の州が対象だ。ある程度、移民の割合が多い州について、短い期間の変化を見た結果となっている。

一方、コルテスらの研究は、１９８０年か

ら2010年までの期間に10年おきに収集されたデータで分析されているだけでなく、2000年時点で総人口が200万人以上いる都市が対象で、移民の割合が多い地域に限っていない。

政策的には、国全体を俯瞰《ふかん》した長期的な影響と解釈できるコルテスらの分析の方に意義がありそうだ。一時的に看護師が増えても、長期的に減ってしまっては看護師不足の解消にはならないからだ。また、彼らは、州レベルのデータを使って再分析しても、結果は同じようなものだと補足している。このため、引き続きコルテスらの分析結果について、その詳細を見ていこう。

なぜ辞めるのか

では、どのようなタイプの市民看護師が、移民看護師と入れ替わってしまったのだろう。実は、看護師の入れ替えは、大学院の学位を持つ看護師を除く、すべての年齢および学歴の看護師に見られた。年齢的に見ると、もっとも大きく入れ替わっていたのは、45歳から54歳までの市民看護師だった。この年齢の看護師は、（すぐ後で触れるように）職場環境の変化に敏感だからではないかと推測されている。学歴で見ると、大学院の学位を持つ看護師への影響は見られない。大学院の学位を持つ看護師はスペシャリストであり、移民看護師と競合しないためだと考えられている。

仕事を辞めた市民看護師はどうなったのだろう。仕事をとられて、失業してしまったのだろうか。幸いにも、失業する市民看護師が増えたり、働くのを止めたりしたため、こうした入れ替えが起こったという証拠はなかった。むしろ、市民看護師が他の職業に変わったり、新しく看護師になる人が減ったりしたことが原因である可能性がある。州レベルのデータによる分析では、移民看護師の流入増加が、その4年後に看護師になる市民の数を減らしていた。移民看護師への依存が多い州ほど、移民看護師の増加が看護師資格試験を受験する市民の数を減少させていたのだ。

最後に、市民看護師のなり手が減った要因は何だろう。可能性として考えられるのは、①移民による賃金の低下と、②職場環境の悪化だ。ただ、移民看護師の増加が、市民看護師の賃金を減らしている証拠はなかった。賃金への変化があまり見られなかった一つの理由として、看護師による賃金交渉力が強いことが挙げられている。

一方、移民看護師が増えて、職場の環境が変わったため、看護師を辞める人が増えた可能性は否定できない。文化の違う移民とは阿吽《あうん》の呼吸とはいかず、英語能力のハンデも意思疎通を阻害する。カリフォルニア州で働く看護師のアンケートを見てみると、移民看護師が多い郡ほど、他の看護師からのサポートや同僚とのチームワークの質に不満を持っていた。自己申告による職場環境満足度を分析すると、職場環境の質が悪化したと感じるために、市民看護師が離職している可能性を示している。人手不足解消のために移民看護師を受け入れることは、期せずして、長期的に見ると、市民看護師を減らしているかもしれないと指摘されている。

日本における外国人看護師

日本でも看護師不足は深刻な問題だ。厚生労働省の「看護職員需給分科会」（2016年3月28日）の資料によると、2025年には約3万から13万人の看護師が不足すると試算されている。

しかし、今のところ日本での外国人の看護師活用は進んでいない。経済連携協定（EPA）に基づいて、インドネシア、フィリピン、ベトナムから看護師候補者を受け入れているが、その看護師国家試験の合格率は低位にとどまっている。2018年度の試験結果で見ると、全体の合格率は91％なのに対し、EPA候補者の合格率は17・7％だ。09年の0％や10年の1・2％から比べると、かなりの改善だが、やはり大変低い合格率といえる。

日本政府は、外国人を看護師として活用することに積極的ではないようだ。厚生労働省によると、看護師不足解消のために看護師候補を受け入れているのではなく、失業率が高いインドネシアなどの国々からの要請が背景にあるという（『ウォール・ストリート・ジャーナル』2013年10月12日）。

むしろ、日本政府は、日本人の潜在看護師の職場復帰に力を入れている。看護師資格を持っているのに看護師を辞めてしまった人たちを、再び看護師として活用しようとしているのだ。

看護師をめぐる日本の状況には、アメリカとの類似点が見受けられる。日本看護協会は、低い賃金や長時間労働が看護師のモチベーションを下げていると懸念している。また、安全の観点から日本語能力の重要性を指摘し、外国人にとってはハードルの高い資格試験である現状を支持している（前出『ウォール・ストリート・ジャーナル』）。

さらに、日本でも30歳未満の若い看護師の割合が急激に減っている（厚生労働省統計情報部「衛生行政報告例」）。年齢別に就業者数の割合を見たところ、2002年に34％だったものが、16年度には21％にまで下がっているのだ。

こうして見ると、アメリカでの研究による所見が、日本にもある程度当てはまる可能性がある。看護師不足の解決策として、外国人の活用は一つの手立てだが、その一方で、職場環境改善の取り組みを遅らせるかもしれない。外国人看護師とのコミュニケーションがうまくとれず、職場での連携がスムーズにいかないと、ますますストレスが溜《た》まるからだ。すると、日本人看護師の離職が増え、新規の看護師も減るだろう。また、看護師国家試験のあり方を大幅に変えない限り、外国人の活用で、看護師不足の現状がすぐに解決される可能性は低い。

もちろん、外国人看護師の活用は一考に値しないわけではない。その活用次第で、看護師の総数自体は増える可能性がある。また、アメリカの場合のように、外国人看護師が増えても、日本人看護師の収入を下げないシナリオも十分に考えられる。

漸進的に外国人看護師を活用するようにすれば、急激な職場環境の変化を避けつつ、看護師の数を増やせるし、日本人看護師の給与を下げることもないだろう。増え続ける日本在住の外国人患者への対応も期待できる。

さらに、逆転の発想もありうる。高度先進医療の推進や外国人患者の受け入れなど、今後、医療サービスのあり方がますます多様化していくだろう。外国人看護師を集中的に活用する医療機関というのも、選択肢の一つとしてありうるのではないだろうか。

本節では看護師不足の問題を、移民の受け入れと絡めて見てきた。ただ、恒常的な人手不足に悩む分野は、看護師だけではない。次節では、人手不足の代表的な分野である建設業についての研究を紹介する。建設業の場合には、看護師の議論とは、移民の影響が少し違ってくることを見ていこう。

2　建設業での賃金が下がるのか

賃金の低下、市民の離職

日本の建設業は深刻な人手不足であり、外国からの労働者は欠かせないといわれている。すでに多くの現場では外国人が働いており、今後とも、しばらくの間は、外国人労働者への依存度は高まるだろう。こうした傾向が続くと、建設業で働く人たちにはどのような影響があるのだろうか。

一番の関心事項は賃金かもしれない。実は、移民が増えると建設業での賃金が低くなるという研究がある。たとえば、１９９８年から２００５年までにノルウェーの建設業で働く個人データを分析したところ、移民労働者が10％増えると、市民の賃金が０・６％下がるとされている。[*3] また、移民の雇用割合が増加した仕事の分類で働いている市民ほど、賃金の伸びが低くなっていたのだ（図表3-2）。

ノルウェーの建設業では、配管や電気設備、土地造成、橋やトンネルの建設などの分類で働くには、国家規格を満たすために免許や検定が必要だ。このため、新規の移民が、こうした仕事に就くことは難しくなっている。一方、大工や塗装など免許や検定がない分類の仕事

図表3-2　移民割合と賃金成長率の変化の関係（1998～2005年）

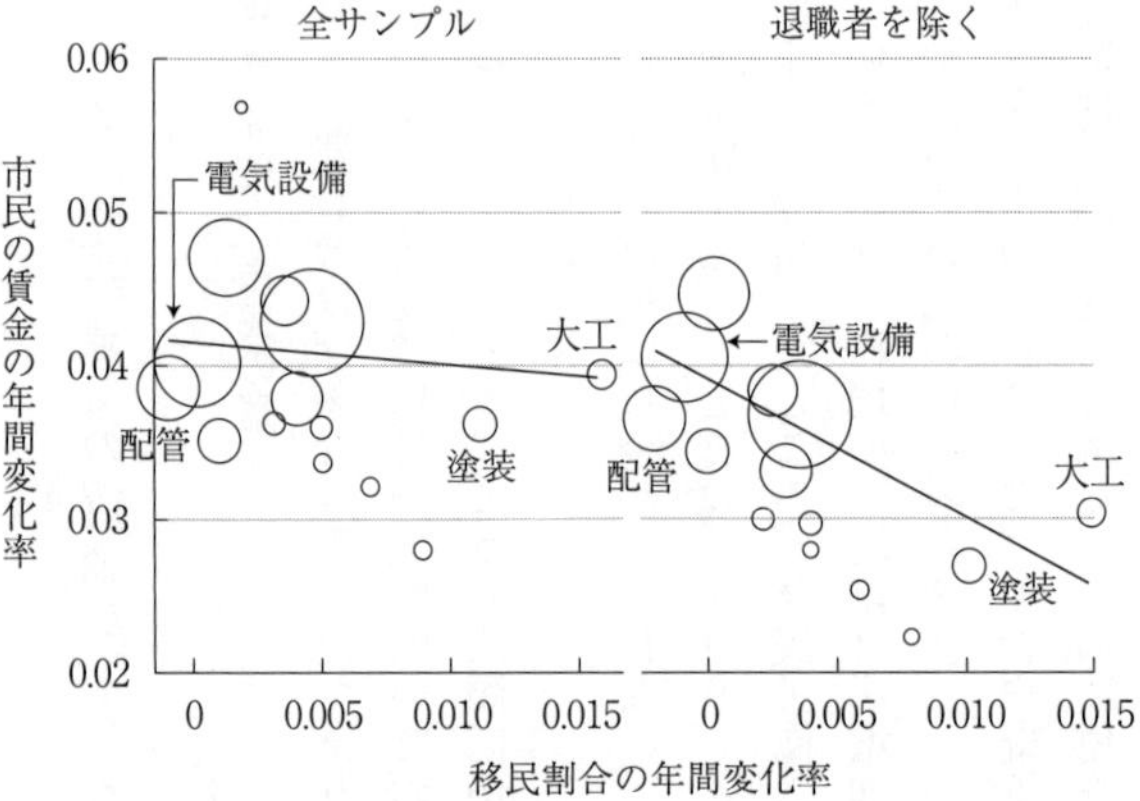

Bratsberg and Raaum（2012）より抜粋して作成。退職者を除いた右側の図では、移民の割合が増えている分類区分ほど、市民の賃金の伸びが鈍化しているのが分かる

に就くことは、それほど難しくない。

このため、分類ごとの需要動向は似ているが、免許や検定の有無によって、移民の雇用割合が違ってくる。免許や検定がある分類では、移民の雇用にあまり変化がない。一方、そうでない分類では移民の雇用が急速に増えた。たとえば、塗装では移民の雇用割合は2倍に、大工では50%増えている。こうした分類ごとの差に着目して、移民が労働市場に与える影響を考察した。

賃金への影響は、技能レベルによっても変わる。技能を学歴で分類して分析すると、①高技能（高学歴）である市民の賃金には影響がない。しかし、②低技能や中技能の市民の賃金は影響を受ける。つまり、賃金が低下するのは、低技能や中技能の市民になる。また、③昔からいる移民の賃金への影響は技能レベルで差はない。昔からいる移民の賃金への影響は、低技能や中技能の市民と同じようなものだ。②と③の結果から、低技能や中技能の市民と移民は入れ替えが利く（完全代替）労働者であるとされている。

移民の影響は賃金の低下だけではない。雇用にも変化が見られる。移民労働者の増加は、市民が建設業で働かなくなること（退出）と強い関連がある。国内の労働者が建設業を辞めてしまうのだ。２００１年以前の建設業で働いていた人が、05年にどうしているかを調べたところ、27％の人が建設業を離れていた。また、建設業を辞めた人たちの半分は他の産業で働いていたが、約36％の人は生活保護などの公的福祉給付金を受けており、残りの14％の人は、働いた収入や公的福祉給付の登録がない状態だった。

また、移民が増えるほど、公的福祉給付金を受給する人が多くなることも示されている。ある分類における移民労働者の割合が1％ポイント増えると、給付金を受ける割合が0・2％ポイント増える。

さらに、学歴が低い労働者ほど失業しやすい傾向がある。一時点での移民と退出の関係（クロスセクション）であり、時間の経過に伴う分析ではないので、因果関係については確定できないが、移民の増加と賃金の低い建設作業員の退出には、強い相関関係が認められているのだ。

消費者への恩恵

一方、悪いことばかりではない。賃金低下により、建設関連サービスの価格が下がり、消費者への恩恵があることも示されている。

建設業では人件費の占める割合が高いため、人件費の低下は建設関連サービスの価格にかなり影響を与える。移民労働者が増えなかった分類では、移民労働者を多く雇用する分類よりも、そのサービス価格が50%から100%も高い率で上昇していた。特に、配管や電気設備の価格高騰が激しかったので、この二つの分類を除いて検証しても、その結果は変わらなかった。

移民の雇用が大きく増えた業種のサービスは、移民の雇用が、あまり、もしくはまったく増えていない業種のサービスに比べて、価格の上昇が低く抑えられている。移民労働者が10%増えると、建設関連サービスの価格は0・4%から1・1%下がる結果になっている。

建設業における移民労働者の影響を総合して見ると、得をする人と損をする人がいることが分かる。建設業で働く市民は、賃金の低下や雇用を失う危険がある。しかし、国全体で見れば、建設関連サービスの価格高騰が抑えられることで、その便益を享受する多くの消費者がいる。建設業以外で働く市民は、恩恵を受けるだろう。一方、建設業で働く市民、特に、低技能や中技能である市民は賃金の低下や雇用の喪失によって被害を受ける可能性がある。つまり、建設業で働く低賃金の市民は、消費者としては得をしても、労働者として損するかもしれないのだ。彼らの立場であれば、どちらの影響が大きいかによって、移民受け入れの評価が変わってくることになる。

若い建設業労働者が減る日本

日本でも建設業での人手不足は深刻な問題だ。国土交通省の「建設労働需給調査」によると、2011年の第3四半期以降はずっと人手不足（建設技能労働者過不足率が0を超過）となっている。震災の復興事業に加え、景気回復による都市部での再開発の影響だ。また、東京オリンピック・パラリンピック関連の建設需要もあり、19年6月の調査においても、引き続き労働者の確保が困難との見通しが示されている。こうした状況を背景に、建設費用も上昇している。国土交通省の「建設工事費デフレーター」を見ると、11年以降は上昇傾向を示している。

そんななか、建設業では30歳未満の若い就業者の割合が急激に減っている。総務省「労働力調査」（2019年6月）によると、その就業者割合は12・5％となっており、2000年6月の同調査における約21％からかなり下がっているのが分かる。

若い就業者割合の減少は、社会全体の高齢化のせいだけではない。２０００年には、全産業に占める30歳未満の就業者割合は約23％であり、前記の約21％とさほど開きがない。しかし、19年の全産業に占める30歳未満の就業者割合は約17％であり、同年の建設業の割合12・5％との開きが大きくなっている。他の産業と比べて、若者の建設業離れが進んでおり、看護師と似たような状況となっている。

一方で、看護師とは違う状況もある。建設業で働く外国人は急速に増えている。２０１１年の１・３万人から、18年には約６・９万人へと増加した。18年の建設業での就業者総数が４９７万人なので、その割合で見るとまだ１％程度だが、今後ともその依存度は高まると推測される。

こうした状況下、建設業で働く外国人が急速に増えると、賃金が思うように上がらず、若い日本人の割合が、ますます少なくなる可能性は高いだろう。ただ、ノルウェーの研究のように、技能が高くない日本人が失業し、公的福祉給付を受ける人が増えるかどうかまでは分からない。どの程度まで外国人労働者の割合が増えるかにもよるからだ。一方で、建設関連の費用が抑えられ、消費者にはある程度の恩恵がありそうである。

本章前半では、看護師や建設作業員という業種に焦点を当て、人手不足を直接補うための移民について考えた。次節では、人手不足解消のために提唱されている女性の社会進出に絡めて、働く女性をサポートするような移民を考える。人手不足解消の観点から、移民の間接的な影響について見ていく。

3　女性の社会進出が加速するのか

移民は高給女性の勤務時間を増やす

日本では、いろいろな分野で人手不足が懸念されているが、その打開策として女性の活躍が提言されている。男女平等なキャリア形成のあり方とも相まって、女性の社会進出が課題となっているが、移民受け入れがその促進に一役買うと期待されている。移民が増えると、女性の家事負担が減り、働きやすくなると考えられているからだ。

ボストン大学のコルテスとチリ・カトリック大学のテサーダによる研究は、こうした見解を支持している。[*4] アメリカにおけるデータを分析した結果、家事代行サービスなどに従事する移民が増えることによって、働く女性の後押しをするというのだ。ただし、恩恵を受けるのは限られた女性のようだ。詳しく見ていこう。

ここでの議論は単純労働者である移民を考えている。彼らの研究では、単純労働者とは高校を卒業していない人のことで、帰化して市民になった人、または市民でない人を移民とする。年齢は16歳から64歳までで、進学しておらず、労働力として申告した移民が分析の対象だ。単純労働者である移民は、彼らが全人口に占める割合に比べ、家事代行や育児支援などのサービス産業で働く割合が、非常に高いことが知られている。分析には、1980年、90年、2000年に実施された国勢調査による移民データを使用している。

分析の結果、1980年から2000年までに流入した単純労働者である移民は、賃金の高い女性（女性の時給分布の上位25％）が職場で働く時間を、週当たり20分増やしていた。女性の賃金が低下するほど、労働時間の増加の程度は小さくなり、賃金の低い女性（女性の時給分布の中央値より下）には影響が見られない。時給を高い人から順番に並べ、真ん中より下にあたる女性、つまり、半分の女性の労働時間には影響がないのだ。

こうした結果は、高時給のため時間が大事である（経済学では、時間の機会費用が高いという）女性ほど、単純労働者である移民の流入の影響を受けて、時間の使い方を変えると解釈されている。時給が高ければ、家事代行サービスにお金を払っても、元がとれるというわけだ。

それだけではない。最近まで働いていたが、現在働いていない女性への影響も考察している。それは職業に基づいた分析だ。まず、男性の賃金水準に基づいて、賃金の高い順番に職業を並べる。すると、もっとも賃金が高い職業（たとえば、医者や弁護士）の女性は、労働時間を増やしていた。しかし、現在働いていない女性が、働くようになるわけではなかった。時給が高い職業に就くような人たちは、すでに働いている割合が高いからではないかと推測されている。

また、潜在的に長時間労働が一般的である職業についても、似たような結果が出ている。男性が長時間労働（週に50時間や60時間以上）をしている割合が高い職業で働く女性の場合には、単純労働者である移民が増えると、長時間働く確率が増えていた。

さらに、教育水準が高い女性にも同様な影響が見られる。高度な技能を有する女性の労働時間が増えるのだ。特に、博士号や専門職学位（法曹や医師・薬剤師などへの学位）を持つ女性の労働時間への影響が大きくなっている。一方で、教育水準が高い女性の労働参加（働いていない人が働き始める）は認められなかった。

移民は家事負担を減らすのか

単純労働者である移民の増加によって、一部の女性の勤務時間が増えることは分かった。では、家事に費やす時間はどうだろう。コルテスとのテサーダの仮説は、移民が女性の家事を肩代わりしてくれるので、長時間働けるというものだ。勤務時間は増えても、家事の時間が変わっていなければ、働きやすい環境になったとはいえない。コインの表と裏を見てみよう。

コルテスとのテサーダの分析によると、賃金の高い女性（世帯主である妻または女性の時給が上位25％に入る場合）は、1980年から2000年にかけて流入した単純労働者である移民の影響で、家事の時間を週当たり約7分減らしていた。

また、彼女らが家事代行サービスへ支出する確率やその支出額も増えた。ただし、支出額は、四半期で約200円増えたにすぎない。かなり少額の変化だ。増加額が少ない理由については、分析の対象となった家事代行サービス（ハウスキーピング）には、データの制約により造園、食料品の買い物、洗濯などが含まれておらず、限定的なサービスだからだと説明している（一方、先述の家事時間の分析では、これらの家事も含まれている）。

さらに、家事代行サービスへ支出する確率やその支出額の増加は、賃金の高い女性に限られており、それ以外の女性、つまり、全体の75％の女性には認められなかった。

まとめると、単純労働者である移民が増えると、一部の女性は家事代行サービスなどを利用して勤務時間を増やしている。それは、賃金や教育水準が高く、高度な技能を必要とする職業で働いている女性だ。しかし、それ以外のほとんどの女性には、こうした影響はない。恩恵を受けている人とそうでない人がいるのだ。

こうした研究を見ると、日本において家事代行や育児支援サービスの分野で外国人労働者の受け入れを拡大しても、恩恵を受けるのは一部の女性かもしれない。また、現在働いていない女性が働くようになる可能性も、あまり高くないことになる。ただ、受け入れる外国人数や女性の社会進出を支援する政府からの補助金などによって、周辺環境は大きく変わる。将来的な諸要因の変化により、実際にどのような効果があるかは不明だ。

女性の社会進出は男性の所得格差を拡大する

ここまでの議論では、女性の社会進出は推進すべき目標ととらえている（現在の日本政府のように）。その目標達成のため、移民が役立つかどうかを考えてきた。

ここからは、女性の社会進出に関連して、面白い研究結果を少しだけ見てみよう。移民とは直接関係ないが、女性の社会進出がもたらす影響についてである。女性の社会進出が急激に進むと、思わぬ影響があるかもしれない。

マサチューセッツ工科大学のアセモグルらは、女性が働くようになったことで、男性・女性の賃金が下がっただけでなく、男性の間で所得格差が拡大した事例を紹介している。[*5] 女性が高卒男性と競合したため、高卒男子の賃金が低下し、高卒男性と大卒男性の格差が開いてしまったというのだ。

これは、第二次世界大戦によって引き起こされたアメリカにおける女性の労働力参加について研究した結果だ。戦争によって多くの男性が徴兵されたが、男性の動員が多い州ほど、戦後や1950年には、より多くの女性が働くようになっていた。40年には見られなかった傾向である。戦争を契機に、女性が社会に進出したのである。

その結果、労働市場において、いくつかの大きな変化があった。まず、多くの女性が働くようになったことで、女性の賃金が低下したことだ。推計では、男性労働者に対する女性労働者の割合(女性の労働者数を男性の労働者数で割ったもの)が10%増えると、女性の賃金が7%から8%低下する。

また、平均的な男性の賃金も低下した。ただし、その影響は女性よりも小さく、男性労働者に対する女性労働者の割合が10%増えたとき、男性の賃金の低下は3%から5%程度だ。女性労働者は、完全ではないにせよ、ある程度、男性労働者にとって代わることが分かる。経済学では、女性労働者と男性労働者は不完全代替であるという。

さらに、女性の労働供給が男性の賃金に与える影響は、すべての男性に一律ではない。戦争を契機に働き出した女性は、大学卒業や義務教育だけの男性よりも、中程度の技能を持つ高校卒業レベルの男性と競合していた。女性の労働供給が10%増えると、高卒男性の賃金は2・5%から4%低下するのに対し、大卒男子の賃金は1%から2・5%しか低下しない。その結果、男性の間で所得格差が拡大するのだ。同じように、女性の労働供給が増えると、義務教育だけの男性よりも、高校卒業の男性の方が、賃金の低下が大きくなる可能性も示されている。義務教育だけの男性は、肉体労働に従事することが多く、女性と仕事が競合しなかったためではないかと考えられている。

この論文を読むと、良かれと思って推進している政策が、予期せぬ副作用を生む可能性に気づく。もちろん、ここでの分析結果は、あくまで短期の影響である。戦後間もなくの労働市場を考察しているからだ。移民や技術革新などの影響を考慮した長期の影響は、もっと複雑になり、短期の影響と違うかもしれないとされている。ただ、1980年代や90年代を対象にした研究でも、女性の賃金上昇と男性の格差拡大の関係を示唆する論文がある。どのような政策でもそうだが、利益を享受する人がいる一方で、不利益を被る人もいる。いいことずくめではなさそうだ。

少子化を促進するか

杞憂《きゆう》かもしれないが、日本でも外国人労働者の受け入れによって家事代行や育児支援サービスが拡大し、女性の社会進出が進むと、男性の経済格差が拡大するかもしれない。収入の低い男性が増えると、晩婚化や未婚化を加速させるだろう。内閣府の調査によると、若い世代で未婚・晩婚が増えている理由について、独身男性では、経済的に余裕がないからという回答が52％もあり、もっとも多い回答になっている（「家族と地域における子育てに関する意識調査」平成26年）。すると、少子化がますます進み、せっかく育児支援サービスが利用しやすくなっても、子供の数が減ってしまっているという本末転倒な事態になりかねない。

移民が家事代行や育児支援サービスに従事することによる恩恵は、長時間働けることだけではない。それ以外の活動も増える可能性がある。女性の社会進出とセットで議論されることの多い政策課題には出産もある。続いて、移民による家事代行や育児支援サービスの充実によって、出生数が増えるのかを考えてみよう。

労働と出産の相関

自分の限られた時間を、働くことと子育てに割り振らないといけない女性は大変だ。もちろん、就業と養育の両立は性別を問わない問題だが、これまでの研究を見ても、世界的に「育児負担が女性に偏っている」という認識がうかがえる。たとえば、働くことと子育てを両立する難しさは、しばしば女性の労働力参加と出産の間の相関によって分析される。そして、個人レベルで女性の労働力参加と出産の関係を見てみると、負の相関があることが知られている。つまり、働くほど出産が減る、もしくは、出産が増えると働かなくなる。どちらかの選択をあきらめないといけないわけだ。

図表3-3　低技能移民と育児支援サービス部門の賃金（1980〜2000年）

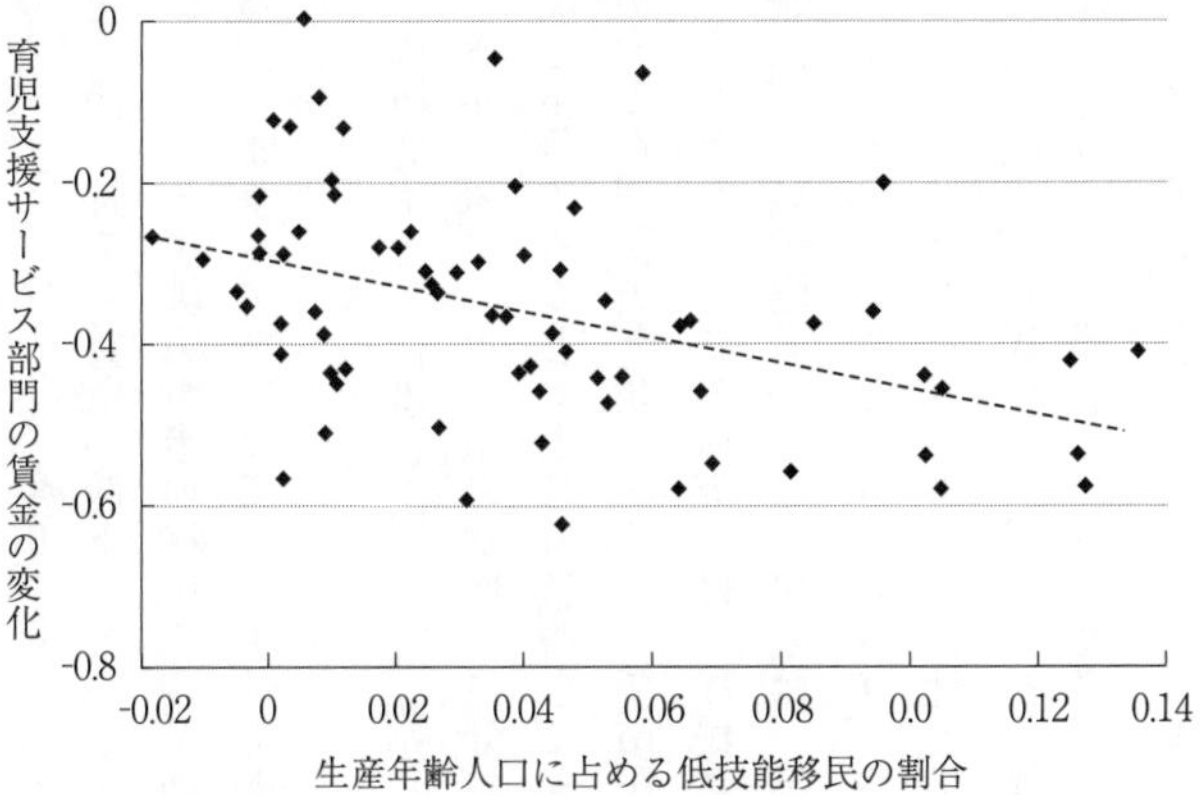

Furtado and Hock（2010）より抜粋して作成。1980年から2000年にかけて、低技能移民の割合が増えている都市ほど、育児支援サービス部門の賃金が伸びていないのが分かる

しかし、過去50年を通じて、国家内における労働力率と出産率の相関はかなり弱まっている。働くことと子育て、どちらかを選ぶともう一つを犠牲にしなくてはいけないわけではなくなってきているのだ。

育児支援サービスの恩恵を受ける人たち

こうした現象の理由の一つとして、単純労働に従事する移民の安定的な流入が寄与しているという見解がある。単純労働者の移民の流入が、技能労働者である市民の子育てに関わる費用負担を減らしたというものだ。

１９８０年から２０００年までの国勢調査のデータを使って、アメリカにおける70の大都市の状況を検証した研究がある[*6]（図

表3-3）。アメリカの大都市では、その都市における大卒男性の1人当たり所得と比べて、育児支援分野での賃金が低下している。特に、生産活動に従事する人口である「生産年齢人口」に占める単純労働者の移民割合が増えているほど、こうした賃金の低下も大きくなっている。つまり、アメリカでは、単純労働者である移民が子育て費用を下げている可能性がある。

この研究では、仕事と出産の両立がしやすくなっていることを検証するにあたり、「大卒である非ヒスパニック系の女性」に分析対象が限定されている。これは、労働市場において、移民と競争することで生じる影響をできるだけ排除するためだ。移民によって子育て費用が下がっても、移民と競合することで市民の賃金も下がれば、彼らの仕事や出産に影響を与えるかもしれない。この研究では、移民による子育て費用低下の影響に集中したいわけだ。

また、単純労働者である移民とは、高卒もしくはそれ以下の学歴である移民を意味し、ドミニカ共和国、エクアドル、ハイチ、メキシコ、ポルトガルの出身者となっている。彼らは、大卒である非ヒスパニック系の女性と労働市場で競争することが少ないと想定されている。

分析の結果、移民のおかげで、高学歴の女性市民は、仕事も出産も両立しやすくなると指摘している。ある都市において大部分がヒスパニック系である単純労働者移民の割合が増えると、その都市に住んでいる大卒でヒスパニック系でない女性市民の労働参加と出産の兼ね合いが弱まるのだ。つまり、移民が主要な役割を担っている育児支援サービスを利用できるので、出産しても仕事をあきらめなくてよくなったのだ。

女性の社会進出についてと同じような結論になっているのが分かる。恩恵を受けるのは高学歴の女性だということだ。移民の増加が、それ以外の女性にとって、仕事と出産の両立に役立つかどうかは不明だ。移民と仕事を奪い合うような女性には、どのような影響があるかは分析されていないからだ。ただ、技能を持たず、賃金が低い女性には、移民の増加による家事代行サービスの恩恵があまりないことや、自分たちの雇用や賃金に影響が出る可能性も考えると、高学歴でない女性には仕事と出産の両立という恩恵はあまりなさそうだ。また、恩恵を受ける人とそうでない人の間で、格差が開くかもしれないことにも注意が必要である。

＊

第3章では、人手不足に焦点を当て、特定の業種を考察した。その結果、業種によっても、移民の影響は違うことが分かった。アメリカでは、移民の看護師が増えると市民の看護師が減り、こうした看護師の入れ替えは、ほぼすべての年齢および学歴の看護師に起こっていた。また、移民看護師の増加は、将来看護師になる市民の数も減らしていた。一方、市民である看護師の賃金を下げたとはいえず、全体で見た看護師の数は増えていた。

ノルウェーを対象にした建設業の分析では、移民の作業員が増えると、技能が高くない市民作業員の賃金が低下していた。また、市民作業員のなかには職を追われ、公的扶助を受ける人が増えていた。一方、建設関連サービスの価格が下がり、一般消費者は恩恵を受けていた。

人手不足を移民で直接補うのではなく、女性の社会進出で対応するために、移民がサポートする場合も考察した。移民が増えると、女性の家事負担が減り、働きやすくなるが、こうした恩恵を受けるのは、高学歴・高所得の一部の女性に限られることが分かった。仕事と出産の両立についても、移民の恩恵は高学歴の女性に限られていた。ほとんどの女性には恩恵が及ばないことになる。また、女性の社会進出が促進されると、高卒男性と大卒男性の間で所得格差が拡大する懸念も示された。労働市場での変化が、予期せぬ副作用を生む可能性もあるのだ。

本章では、人手不足の業種や女性の働き方の観点から、労働環境の変化について見てきた。次章では、経済的生活環境の変化について見てみよう。生活費や家賃、住宅価格の議論から始めて、税金や社会保障費の負担がどうなるかについて考えていく。

第4章　住宅・税・社会保障が崩壊するのか

これまでの章では、賃金や雇用のように、収入面に焦点を当てていたのに対し、本章では、支出面に焦点を当て、私たちの暮らしの変化を考えていく。移民を受け入れると、生活費が安くなったり、購買力が上がったりするのだろうか。また、家賃や住宅価格はどうだろう。もし、資産価値が変動するのであれば、富の再配分機能が働いて、得をする人と損をする人を生み出す可能性がある。

さらに、こうしたプライベート（私的生活）に関係する支出だけでなく、パブリック（公的生活）に関連する支出への影響も考えられる。移民を受け入れた結果、市民の税金や社会保障費の負担は増えてしまうのだろうか。移民の受け入れを議論するときに、雇用環境の悪化と同じくらい関心が高い、費用負担の増加の可能性について見ていこう。

1　生活費が安くなり、購買力が上がるのか

価格低下の実態

移民を受け入れると、安く買い物できるようになるので、消費者である私たちは恩恵を受けるという見解がある。シカゴ大学のコルテスによる研究は、そうした可能性を裏付けている。[*1] 労働力に占める低学歴な移民割合が10％増えると、家事代行のように移民を多く雇用しているサービスの価格が2％下がる。その結果、これまでよりも購買力が増し、消費者の厚生が改善する。

ただ、彼女の研究結果をよく見てみると、得する人と損する人がいるようだ。そして、損する人は「高校を卒業していない市民」となっている。少し詳しく見ていこう。

コルテスによると、ある都市で、労働力に占める単純労働者（高校未修了者）移民の割合が10％増えると、移民を多く雇用しているサービスの価格が2％下がる。こうしたサービスは、家事代行やベビーシッター、洗濯、洗車、造園、散髪などだ。この推定値に基づけば、

1980年から2000年までの移民流入は、移民を多く雇用しているサービスの価格を、調査対象になったアメリカの都市平均で約9%から11%下げたことになる。

一方、一般的な価格には違った影響が見られる。都市別に見た単純労働者移民の割合は、都市間で売買ができる財やサービスの価格には影響なかった。ロサンゼルスにいる移民が安いモノを作れば、ニューヨークに移出されて、やがてニューヨークでも安く買えるからだ。このため、価格の低下は、移民が多い地域だけでなく、全国に波及していく。

そこで、都市別のデータを使って移民による価格変化を分析する際は、都市間での売買が難しい（都市をまたいだ取引がまれな）財やサービスの価格に注目することになる。たとえば、ロサンゼルスのベビーシッターは、通常、わざわざニューヨークにまで行って働かないだろう。こうした点を考慮して分析すると、移民をほとんど雇用していない分野の財やサービスの価格には、変化がなかった。また、移民をそれほど雇用していない分野の財やサービスの価格は、多く雇用している分野の財やサービスの価格ほどには下がっていなかった。都市間での売買が難しく、移民を多く雇用している分野の財やサービスの価格だけが下がっていたのだ。

では、価格低下の原因は何だろう。単純労働者である移民によって、賃金が低下したからだと推測されるが、この考えには問題がある。第1章2「長期的には賃金が増えるのか」で見たように、地域・都市別分析では、単純労働者である市民の賃金は、移民の影響をあまり受けないとされているからだ。

しかし、コルテスの分析によると、移民と競合しているヒスパニック系で英語能力が低い市民の賃金を下げていることが分かった。こうした市民への影響が、すでにアメリカにいる移民の賃金に同様の影響を与えると仮定する。すると、すでにアメリカにいる移民の賃金を2％から4％低下させることになり、これは、サービス価格の低下の程度（2％）と同じくらいである。このため、賃金の低下が価格の低下に関連しているのではないか、つまり、価格が安くなるのは、そうした産業で働いている単純労働者の賃金が安くなるからだと考えられている。

弱者が犠牲に

最後に、価格低下による恩恵を総合的に考えてみよう。もっとも恩恵を享受するのは誰だろうか。また、どの程度の恩恵があるのだろう。

生活費の低下から見ると、技能労働者（高学歴）、特に修士や博士の学位を持つ人たちが一番得をする。家事代行や育児支援サービスなどに、お金を多く使っている人たちだからだ。ただ、高学歴（修士号や博士号取得者）であっても、その恩恵の程度はあまり大きくない。

せいぜい、生活費が0・4％下がる程度だ。また、一番恩恵の少ない高校中退者の場合、生活費の低下は0・29％だ。

話はそれで終わらない。私たちは消費者であると同時に、労働者でもある。このため、生活費の低下（便益）は、賃金の低下（費用）とセットにして、差し引きどうなるか（購買力）を考察しないと、恩恵があるかは分からない。そこで、便益と費用を総合して見ると（図表4-1）、幸い、ほとんどの人の購買力は0・3％から0・4％の範囲で増加する。一方、標準的な高校未修了者の購買力は0・43％から1・14％下がり、ヒスパニック系市民の場合には4％近くも下がる。得をする人と損をする人に分かれるのだ。ただし、すべての市民労働者に占める高校未修了者の割合は小さいため、市民全体で見ると恩恵があるとされている。

「国全体では恩恵があっても、そのために社会的弱者が犠牲になる」。こうした結果は、経済学でよく見られる。これまでの研究でも、たとえば貿易分野で自由化が進むと、国全体では社会厚生が改善するが、得をする人と損をする人が生まれることが示され

図表4-1　購買力の変化

	生活費低下（便益）	−	賃金低下（費用）	=	購買力
大卒以上	○○		-		↑
高卒	○		-		↑
高校中退	○		○		↓
既存移民	○		○		↓

○は効果あり、○○は特に効果あり。-は効果なし
筆者作成

ている。移民や貿易に限らず、グローバル化が進展して社会が変化するとき、みんなでハッピーになるのは難しいことのようだ。

日本における試算

アメリカの研究では、移民の雇用が少ない分野では変化はないが、移民を多く雇用している分野の財やサービスの価格は下がる。こうした価格低下は、都市間での転売が難しいものだけに限られ、転売が容易なものには見られない。また、価格低下の恩恵を受けて購買力が上がるのは高学歴層のみであり、高校中退の市民や既存の移民の購買力は下がる。

日本の場合にも同じようなことが起こるのだろうか。直接、価格への影響を分析しているのではないが、参考になる研究がある。南カリフォルニア大学のイムロホログルらの試算によると、外国人労働者を受け入れると、日本人の社会厚生は改善する。[*2]

試算によると、外国人労働者を受け入れると、税負担の低下などにより、現在働いている日本人は、毎年2%の消費に相当する恩恵を受ける。ただし、影響の程度は世代によって違う。分析では、すでに働いている現役世代とこれから生まれる将来世代に分けており、将来世代ほど大きな恩恵を受ける。一方、こうした恩恵が顕在化するまでには時間がかかり、現役世代のなかには、恩恵を享受する前に亡くなってしまう人も多くいる。

しかし、この試算は不安定で、条件によって結果が変わってくる。ここでは、日本は、外国人労働者を毎年20万人ずつ受け入れ、彼らは10年働いた後、帰国すると仮定していた。一方、当初の5倍に相当する100万人を毎年受け入れるとすると、将来世代の方が大きな恩恵を受けるとは限らない。多くの外国人が労働者として流入する場合には、大きな賃金低下が見られ、60歳前後の人より、将来世代の恩恵の方が小さくなってしまうのだ。

ただ、外国人を多く受け入れる（毎年100万人）方が、20万人を受け入れるときより、恩恵自体は大きくなり、毎年2～9％の消費に相当する恩恵を受けるとされている。長期間で見れば、賃金低下はやがて収まるからだ。

興味深い結果だが、こうした試算はあくまでも参考であることに注意が必要だ。アメリカの研究のように、実際の出来事を分析したのではなく、あくまで予測だからだ。試算にはいろいろな仮定が設けられており、それら次第で結果は大きく変わる。特に、この研究のように100年先までの将来を予測することは、大変難しい作業なのだ。

本節では、日常生活に関係する財やサービスの価格の変化について考察した。次節では、定期的な支出としてかなりの金額である家賃や資産としての住宅価格への影響を考えよう。財やサービスの価格と同様に、住宅関連価格も低下するのだろうか。

2　家賃や住宅価格が高騰するのか

価格低下の理由

移民が増えることで、いろいろな価格は本当に安くなるのだろうか。経済学では、売り手と買い手の力関係によって、価格が上がったり下がったりすると考える。そして、お互いの力関係は、その数で決まる。たとえば、売り手よりも買い手の数が多ければ、価格が高くなる。買いたい人が多いときには、価格を少々上げても売れるからだ。

こうした要素を取り入れて、移民の効果を分析するとどうなるだろう。まず、①移民が流入して人が増えると需要が高まる。つまり、買いたい人が増えるので価格が上がる。ただ、②市民よりも経済的に豊かではない移民は、安いものを探すのをいとわない。価格に敏感なため（高くては売れないので）価格が下がる。また、③移民の賃金は低いため、生産費用が抑えられて、価格が安くなるかもしれない。

移民による価格への影響を議論するには、このように複雑に絡まり合ういくつかの要素を考慮する必要がある。①と②は消費者（需要面）から、③は生産者（供給面）からの観点で考えている。前節「生活費が安くなり、購買力が上がるのか」でのコルテスは、③によって価格が下がるのではないかとする。

　また、①では移民と市民は同じ性質の消費者として扱われているのに対し、②では移民は市民と違う性質の消費者だとする。すると、単純に数が増えたからといって、需要が増える（＝価格が上がる）とはいえなくなるのだ。

　こうした需要と供給の観点を導入し、世界の国々における移民と価格の関係を検証した研究がある。[*3]１９９０年から２００６年までの19ヵ国19都市のデータを使って分析したところ、「移民は国際的な相対価格を下げる」という結果になった。ある国で働いている人に占める移民労働者の割合が10％増えると、「最終財」の価格が３％も下がるのだ。最終財とは、原料として生産に使用されず、直接消費されるモノだ。

　また、移民が多く従事するサービス産業の項目（供給面）よりも、移民によって消費される項目（需要面）の方が、価格の低下がはっきり表れている。移民がよく消費する基礎食品には、パン、バター、米、じゃがいも、バナナ、トマト、卵などがある。生活必需品だ。また、移民が従事するサービスには、洗濯やベビーシッター、レストラン（ファストフードを含む）の給仕などがある。

　一見、需要要因の方が、供給要因よりも重要なように見える。しかし、価格低下の主要な役割を果たすのが需要要因だとは断言できなかった。移民がよく消費する項目への影響が、すべての財・サービスへの影響よりも大きいとはいえなかったからだ。もし、前述②の経路（移民は価格に敏感）の影響が大きければ、移民がよく消費する項目への影響が、すべての財・サービスへの影響よりも大きくないといけない。つまり、移民があまり消費をしない財・サービスへの影響は出ないはずだ。しかし、そうではなかったのだ。ここでの議論では考慮されていない何か他の要因が作用している可能性があるようだ。

最後に、移民による価格の引き下げ効果は、物価や賃金が高い場所ほど大きくなる。厳密にいうと、この分析では世界的な平均からの乖離《かいり》を考えている。移民と価格の関係といったとき、「都市Aの存在する国で、働いている人に占める移民労働者の割合－すべての国におけるその割合の平均」と「都市Aにおける財の価格－すべての都市におけるその財の平均価格」の関係を見ているのだ。そして、（a）物価や賃金の高い場所に、多くの人が移住する傾向があり、（b）移民は価格を下げることから、「移民が増えると、国家間の価格差が減ること」を示唆している。つまり、移民による価格引き下げ効果は、物価や賃金が高い場所ほど発揮されるのだ。

家賃や住宅価格の上昇

ここまでの議論を見る限り、いずれにしても、移民を受け入れた先進国では、価格が低下すると思われるだろう。しかし、家事代行や育児支援サービスのように、安くなるものばかりではない。家賃などは上がる可能性があるのだ。

アメリカの都市データを検証したところ、家賃上昇と移民流入には関係が認められている。[*4] １９８０年代から１９９０年代のデータを使った分析によると、都市人口の１％に相当する移民が新たに流入すると、家賃や住宅価格がだいたい１％程度上昇する。移民によって住む人が増えれば、その都市における住宅需要が増える。このため、短期的には家賃が上昇し、やがては住宅価格も高騰することになる。前述①の経路が作用している。

こうした家賃や住宅価格上昇の影響は複雑だ。移民流入前から家を持っている人は得をする。家賃収入が増えたり、住宅価格（資産価値）が上がったりするからだ。一方、家賃を払っている人は損をする。毎月の支払いが増えるからだ。

つまり、ここでも得をする人と損をする人が生まれる。移民が流入するような都市に資産がある人はますます裕福になる。一方、資産のない人はマイホームの夢が遠のいてしまう。移民によって、資産家に有利な分配作用があるのだ。

カナダについての研究も、似たような結果になっている。ただ、その影響はアメリカの研究よりも小さなものだ。１９９６年、２００１年、２００６年の国勢調査のデータを使い、２５８の地域において、人口に占める移民の割合が多い地域ほど、住宅価格の上昇が大きいかどうかを分析した研究だ。[*5] 個人が所有する住宅価格について検証したところ、人口に占める移民の割合が1％増えても、地域間の住宅価格差は0・10％から0・12％の範囲内になるとする。長期的に見ると、移民の流入は住宅価格にあまり影響を与えないことになる。また、住宅価格に影響を与えるのは、10年以上前に入国した移民だけともされている。入国したばかりの移民の影響はない。

アメリカの研究と比べて住宅価格への影響が小さくなったのは、カナダの研究では長期の影響を分析しているからだと考えられる。毎年のデータを使った検証より、国勢調査のように期間の長いデータを使った分析の方が、住宅価格への影響が少ないのは驚くことではない。移民の流入によって住宅需要が増えても、住宅供給は急には（短期的には）増えない。このため、住宅供給よりも需要が多くなり（「超過需要」）、住宅価格が上がる。しかし、ある程度時間がたてば、住宅供給の増加が追い付いてくる。すると、超過需要は緩和され、価格の上昇が抑えられる。

カナダの研究で示されたような住宅価格の変化であれば、ほとんどの人に大きな影響はないだろう。この論文では、移民によって住宅価格が高騰して、新規に住宅を購入する人が困ることはなく、また、現在住宅を所有している人にキャピタルゲインを生じさせて格差が開くこともないであろうと結論づけられている。

北海道のリゾート地の例

外国人が増えると、短期的に家賃や住宅価格が上昇するのは、海外に限った話ではない。外国人の住民登録者数が急増した北海道の倶知安町《くっちゃんちょう》では、家賃の急騰が見られている（FNN PRIME―北海道文化放送、2019年3月9日）。スキー場などがある観光地だが、冬場の観光客のほとんどが外国人で、ホテルやレストランなどでの雇用機会が外国人居住者の増加を後押ししている。

こうした地域に資産がある人は、家賃収入が増えたり、住宅価格の上昇でその価値が増えたりする。その結果、資産所有者と非所有者との間で、経済格差を生む可能性が出てくる。ただし、宅地の供給が限定されており、建物の高層化が難しい地域でない限り、住宅価格はやがて落ち着きを見せるだろう。長期的には、住宅の供給が増加するからだ。

実はすでに、外国人の増加を見越して、ビジネスを展開している企業もある。外資系の投資会社フォートレスだ（『ウォール・ストリート・ジャーナル』2019年6月20日）。外国人向けの低家賃住宅に特化したフォートレスは、今や日本最大の民間のアパート所有者になっているそうだ。2017年にはソフトバンクグループに買収され、その傘下となった。外国人の増加に伴う住宅市況の変化は、地方の観光地だけではなく、日本のいたるところで起こっているのだ。

本節では、移民が増えると家賃や住宅価格が上昇する可能性について指摘した。しかし、一方で、住宅や土地の資産価値が低下するという逆の見解もある。次節では、そうした見解を紹介しながら、本節の議論との整合性を考えていく。

3 スラム街が生まれて資産価値が低下するのか

移民が増えると住宅価格が下がるという説

移民を受け入れると、スラム街が生まれるという懸念がある。移民は、同じ民族同士で固まって住む傾向がある。昔から住んでいる市民のなかには、学歴や所得が低い移民が多く移住してきた地域を嫌がり、引っ越す人も出てくるだろう。ただ、すべての市民が引っ越すのではない。引っ越しできるのは金銭的に余裕のある市民だとすると、貧困層の市民は取り残されてしまう。こうして、低所得の移民が住む地域にいる市民も、学歴や所得の低い人が多くなる。その結果、居住地の住み分けが起こり、新たな格差を生む可能性があるのだ。

前節「家賃や住宅価格が高騰するのか」では、移民によって家賃や住宅価格が高騰する可能性を示した。資産価値が上がるのだから、資産価値の下がるようなスラム街とは正反対の

図表4-2　移民密度と住宅価格の変化の関係

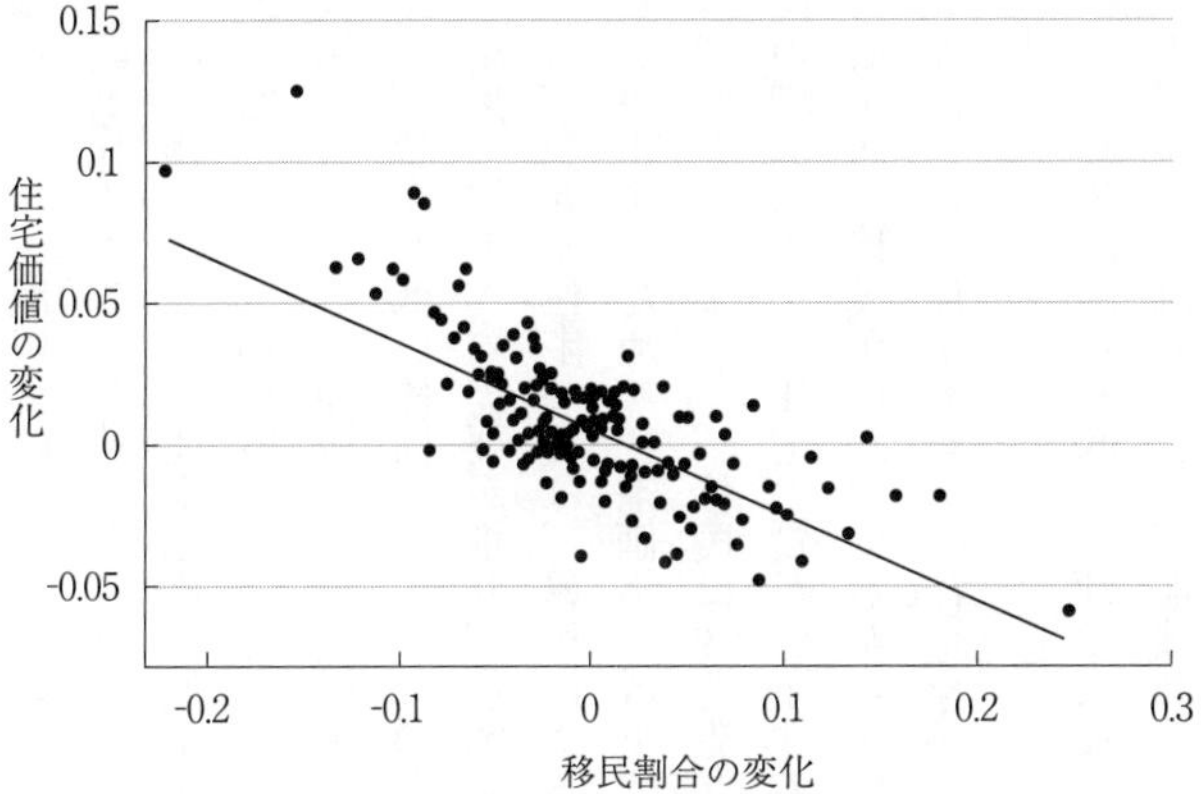

Sá (2014) Figure 1より抜粋して作成。移民の割合が増えるほど、住宅価格が下落している

結果だと思われるかもしれない。実は、前節の話はそこで終わりではない。続きがあるのだ。どういうことだろうか。

キングス・カレッジ・ロンドンのサは、イギリスの住宅価格を検証して、移民は住宅価格を下げるというまったく逆の結果を示している。[*6] ２００３年から10年までの１７０の地方自治体のデータを使って、地域間における移民数の変化と住宅価格の変化を分析した研究だ（図表４-２）。

その結果、地域人口の１％に相当する移民が流入すると、住宅価格が１・７％下がるとする。また、移民の教育水準によって地域を分けて分析すると、移民による住宅価格の低下は、学歴の低い移民がいる地域で起こっていることも示されている。低学歴である移民の割合が少ない地域では、移民の増加は住宅価格に関係なかった。この分析では、義務教育（5歳から16歳まで）を低学歴と分類している。

では、移民によって住宅価格が低下するのはなぜだろう。それは、所得の高い市民ほど、移民の増えた地域から出ていってしまうからだと考えられている。この分析では、①移民が1人増えると、その地域から市民が1人出ていってしまう。また、②移民が多い地域に住む市民は、賃金が低い傾向がある。このため、移民の多い地域には、低所得者層が多くなる。その結果、住宅への需要が細り、住宅価格が下がるのだ。

一方、犯罪や住宅の質は、移民による住宅価格の低下と関係がないようだ。犯罪が増えて治安が悪化するため、住宅価格が低下するわけではないのだ。第6章2「犯罪が増加するのか」で紹介するように、移民は凶悪犯罪を増やすとはいえないことが分かっている。また、移民の増加によって住宅の質が低下するので、価格が低下するわけでもない。市民とは違った習慣がある移民が住んでいるからといって、市民と比べて、住宅の質が悪化するわけではないのだ。なお住宅の質は、住環境の基準（湿度や換気、室温の快適性や修繕状況など）によって測られている。

移民の影響は価格の低下だけではない。移民が増えると、住宅の建設が減ることも示されている。移民の流入により、地域から市民が流出して、地域の所得水準が低下すると、その地域での住宅需要が減る。こうした需要の低下は、住宅建設の減少と価格の低下によって調整されると考えられている。住宅が売れにくくなったので、価格を下げて売れるようにするのと同時に、作る数も減らすのだ。また、こうした調整は一朝一夕にはできない。移民数の変化に対して、住宅価格や数量を調整するには、時間がかかることも確認されている。

狭い範囲では下がり、広範囲では上がる

住宅価格が低下するという結果は、先ほどの住宅価格が上昇するという結果と違う。どちらが正しいのかと思われるかもしれない。

実は、分析する地域区分の取り方によって住宅価格への影響が違う傾向がある。市町村よりは都道府県のように、広範な地域区分を使った分析ほど、住宅価格を上げるとする傾向がある。逆に、小さな地域で見ると、住宅価格は下がるのだ（図表4-3）。

たとえば、前節「家賃や住宅価格が高騰するのか」のアメリカの事例研究でも、より小さな地域区分である都市単位で分析すると、移民の割合が増えた場合、住宅価格が下がる傾向がある。前節の研究と同じ学者による研究だ。[*7] より小さな地域区分で分析することで、同じ学者が違う結果を示しているのだ。

それによると、もしある都市に住む外国生まれの住人の割合が0％から30％に増えたなら、

図表4-3　住宅価格低下のメカニズム

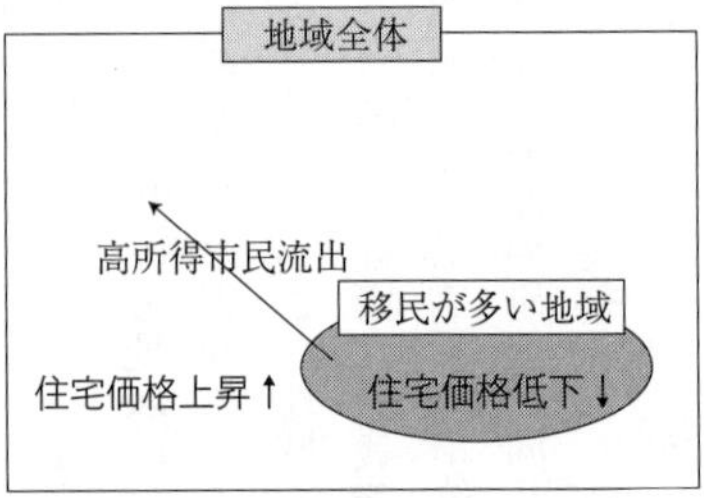

筆者作成

その都市の平均住宅価格は約6%低くなる。こうした住宅価格下落の影響は、移民流入前には住人の大部分が白人であるような高所得の都市において、大きくなっている。

この結果は、移民の多いスラム街が生まれる背景には、移民が固まって住むだけでなく、市民が移民の多い地域を避ける傾向がある（引っ越ししてしまう）ことを示している。このため、移民の割合が増えている近隣では、住民の学歴が低く、白人が少なくなったことが、住宅価格下落の理由であろうと結論づけている。同じような社会的地位の人がご近所である方が、市民にとって好ましいようなのだ。

こうした結果は、移民労働者が市民労働者と入れ替わる程度は、分析対象である地域が小さいほど顕著になるという研究結果とも整合性がある。

そこで、サは、前記の分析よりも広範囲な地域を対象にして、イギリスの住宅価格を再検証している。すると、移民による住宅価格への影響は見られなくなった。このため、国家のような大きな範囲で分析すれば、住宅価格は上がるに違いないと推測している。これまでよりも多くの人が同じ面積の土地に住むようになり、住宅の供給が住む人の増加に追い付かなければ、混み合うようになるからだ。

富裕地区と貧困地区の分断

市町村のような単位で見ると住宅価格が下がり、都道府県のような広い範囲で見ると住宅価格が上がることは、整合性がある見解だ。市民は自分と同じ市民に囲まれて暮らすことを望むため、移民が増えた地域から出ていく可能性がある。たとえば、移民が増えた東京都A区B町では、市民が出ていってしまい、住宅価格が下がるかもしれない。

流入する移民と同数の市民が流出すれば、全体として住民の数は変わらないので、住宅需要に影響がないかというと、そうでもない。高所得の市民が引っ越してしまうと、地域全体の所得水準が下がるからだ。こうした現象は、身のまわりの事例で見ても納得のいく理屈だろう。

一方、流出した市民の受け皿となる周辺の東京都A区C町やD区では、住宅価格が上がるだろう。C町やD区で見ると、住民数の純増になるだけでなく、比較的高所得の市民が引っ越してくるため、良質な住宅の需要が逼迫《ひっぱく》し、価格を上げる要因になるからだ。東京都全体で見ると、住宅価格が上がる可能性があるのだ。

こうして見ると、日本でも外国人が増えることで、住む場所の住み分けが起こるかもしれない。東京都総務局「外国人人口」（平成31年・令和元年）によると、中国籍は江戸川区や江東区、韓国・朝鮮籍は新宿区や足立区、フィリピン籍は足立区と江戸川区、ベトナム、ネパール、ミャンマー籍は豊島区や新宿区、アメリカやイギリス籍は港区や世田谷区に集中している。

所得格差と結びついた居住地の住み分けは、富裕地区と貧困地区という新たな格差問題を生む可能性がある。もちろん、現在でも山の手と下町のような違いはあるが、あからさまな居住地区格差が加速する危険が危惧されているのだ。

ここまで、私たちが選択して消費する財やサービスの価格変化という観点から支出への影響を考察した。次節では、政府に徴収される税や社会保障の観点から、支出への影響を見ていこう。

4　税・社会保障の負担が増えるのか

移民は社会福祉サービスの利用が少ない

移民が増えると、税金や社会保障負担が増えるという懸念がある。多くの移民は、市民と比べると、経済的に恵まれておらず、税金の支払いが低水準だ。これは、年齢が若く、キャリア不足のため、収入が低いことも一因である。また、市民よりも子供が多く、教育などの公的サービスをたくさん利用すると考えられている。このため、公共サービスを拡大しなくてはいけないが、移民はそのための負担はあまりしないことになる。結局、その分は市民が負担することになり、市民の金銭的負担が増えるのではないかと危惧されているのだ。

移民政策の評価を見ても、賃金や雇用についての心配よりも、移民がきちんと応分負担してくれるかの方が心配だという結果もある。[*8] 移民の受け入れを考えるうえで、税金や社会保障負担が大変重要な論点であることが分かる。

しかし、こうした懸念は不要だという研究がある。ユニバーシティ・カレッジ・ロンドンのダストマンとミラノ大学のフラティーニが、1995年から2011年までのデータを使い、イギリスにいる移民について分析したものだ。[*9] その結果、移民は財政的に貢献しており、市民の財政負担の軽減に寄与しているとする。

彼らは、まず、市民より移民の方が、社会福祉サービスの利用が多いかどうかを検証している。こうしたサービスには、所得補助、失業関連給付、児童手当などが含まれる。1998年から2011年までの社会福祉サービスについて分析すると、移民は、市民よりも州の社会保障給付や税額減免を受けない傾向があった。また、社会福祉サービスへ依存しない傾向は出身国によっても違う。「欧州経済領域」から来た移民は、それ以外の地域から来た移民よりも、社会福祉サービスへの依存が少なくなっていた（欧州経済領域の加盟国は、EUに加盟する28カ国に、アイスランド、リヒテンシュタイン、ノルウェーを加えた計31カ国）。同様に、1995年から2011年までの公営住宅の利用について分析すると、移民は、同じ地域に住む市民よりも、公営住宅に住んでいない傾向があった。

イギリスの移民の財政貢献

まとめると、市民と比べて、移民は社会福祉サービスの利用が少ないことになる。ただ、この分析では、サービスの受給が少ないことは分かったが、サービスを受けるための負担をしていない可能性もある。

そこで、次に、移民による財政的な貢献度（＝負担−受給）を分析している。この際、移民の財政的貢献度は、市民の貢献度と比較することで測られる。なぜなら、財政的貢献度（負担と受給の差額）は年度ごとの状況に左右されるからである。イギリスが財政赤字の年は、平均的な個人の財政貢献度はマイナスになり、逆に財政黒字の年はプラスになる。そのため、移民だけの財政貢献度を見るより、移民の財政貢献度が市民の財政貢献度とどの程度違うかを見る方が有意義だと考えられる。

しかし、1995年から2011年までにイギリスに住んでいる移民のデータでは、財政

図表4-4　移民の財政貢献度

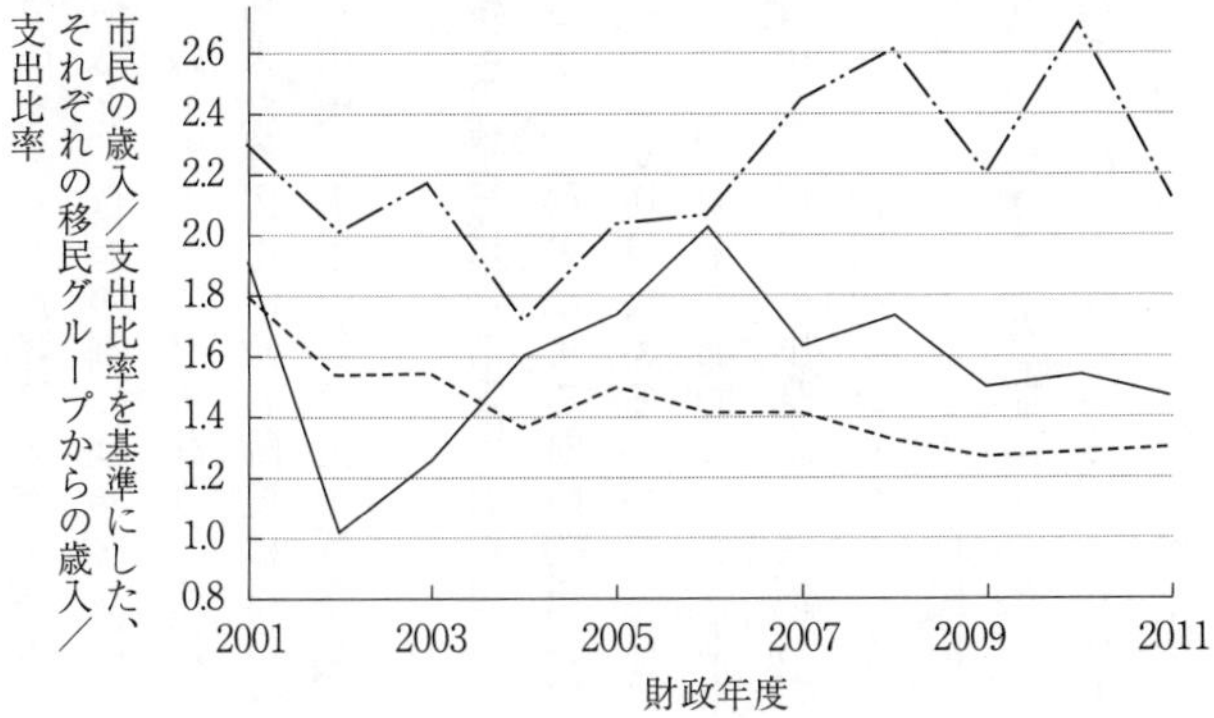

――「欧州経済領域のうち、2004年と07年にEUに加盟した中央・東ヨーロッパ10カ国」から来た移民

―･･「欧州経済領域のうち、上記10カ国以外の国」から来た移民

----「欧州経済領域以外の国」から来た移民

Dustmann and Frattini (2014) Figure 4 (b) より抜粋して作成。すべての移民グループが、市民より財政的に貢献（相対的な比率が1以上である）しているが、なかでも「欧州経済領域のうち、上記（2004年と07年にEUに加盟した中央・東ヨーロッパ）10カ国以外の国」から来た移民の貢献度が高くなっている

的な貢献度（＝負担－受給）を分析するのに理想的とはいえない。たとえば、1970年に移民した人たちの場合、データがない25年分の財政貢献度が分からないからだ。いつ入国したかの情報が大事になる。このため、彼らは1995年から2011年までだけでなく、「2000年以降にイギリスに来た移民」を対象にした分析もしている（図表4-4）。

2000年以降にイギリスに来た移民を見ると、移民は、出身国にかかわらず財政的に貢献しており、特に、2004年と07年にEUに加盟した中央・東ヨーロッパ

10カ国を除く欧州経済領域から来た移民の貢献度が高くなっている。つまり、移民は市民と比べると、負担の割にはあまり社会福祉サービスを利用しないのだ。２０００年以降を見ると、政府が財政赤字に陥り、市民の財政貢献度がマイナスになったときでも、欧州経済領域から来た移民の財政貢献度はほぼプラスを維持している。このため、２０００年以降の移民は、市民労働者の税負担を減らし、イギリスの財政赤字を減らすのに寄与したとされている。

移民の教育費用は出身国の負担

さらに、移民による財政的貢献は、もっと大きい可能性がある。前述の議論では、教育費用の観点が抜けているからだ。移民の出身国が負担した教育費用は、移民受け入れ国の市民にとって、税金の節約になる。本来であれば、勤労する人を育てるために国が負担すべき教育費用を、移民の出身国が負担してくれたことになるからだ。

こうした費用を試算したところ、１９９５年から２０１１年までの間に、イギリスの教育費用は、ヨーロッパからの移民により１４０億ポンド（該当期間の平均為替レート１ポンド１８０円で計算すると25兆円）、ヨーロッパ以外からの移民により３５０億ポンド（63兆円）が節約できたとされている。２００１年から11年までに来た移民に限っていえば、１８０億ポンド（32兆円）の節約になる。相当な金額だ。移民とは、他国が教育を通じて育成した人的資本をイギリスに寄贈してくれたこととも考えられるのだ。

また、教育費用以外の観点からも、移民の財政貢献度が大きくなる可能性が指摘されている。データ性質上、分析に制約があったからだ。この研究では、16歳未満の移民の子供は「移民」と分類されるが、16歳以上でイギリス生まれの場合には、両親の生誕地にかかわらず「市民」と分類されている。このため、移民の子供が就職した後、財政的に貢献することを考慮できていないのだ。

イギリス生まれの移民の子孫は、市民の子供よりも公立学校での成績が良く、進学率が高い傾向がある。1995年以降のデータで見ても、移民は平均年齢で市民より若いだけでなく、市民よりも学歴が高く、学歴の差は拡大している。つまり、移民は所得稼得能力が高く、生涯を通じて見ると、その潜在的な財政貢献度が市民よりも高いかもしれないのだ。

アメリカでは財政貢献は低い

アメリカについても似たような分析が行われている。[*10] 1994年から2013年までのデータを使って、世代別に財政貢献度（受益に対する負担の比率）を分析したものだ。世代は三つのグループに分けられる。①18歳以上の移民一世（外国生まれ）とその扶養家族である一世と二世の子供、②18歳以上の独立している移民二世とその扶養家族である子供（移民の観点からは、子供は通常三世）、③独立している移民三世以降とその扶養家族である子供である。財政貢献度を計算する際には、子供を扶養している親世代に、教育など子供に関連する政府費用を割り振る。受益額よりも負担額が大きければ、財政貢献度は1より大きくなる。

2013年度における1人当たり財政貢献度を見てみると、世代にかかわらず、その値は1未満（負担額より受益額が大きい）となっており、財政的には貢献していない。また、一世の場合には、アメリカ生まれを含む二世や三世以降の場合よりも、財政貢献度が低くなっている。これは、（a）学歴が低い一世は所得が低い傾向があることと、（b）扶養する子供の数が多いこと、が理由だ。

ただ、この分析では、各世代の年齢構成を考慮していない。財政的影響を考えるうえで、年齢は重要な要素だ。子供がいる年代では、公教育などを享受するので財政貢献度が下がる。その後、独立した子供は働き出し、享受した便益以上に税金を納めるようになる。一方、年をとると公的支援に依存するようになり、再び財政貢献度が下がるようになる。それ以外にも、景気循環や教育水準のように、財政貢献度の議論で考慮すべき要素がある。

そこで、年齢、性別、年度、学歴、人種、扶養家族の数を調整して分析すると、結果が少し変わる。年齢や性別、人種が同じで、学歴も変わらず、扶養家族の数も同じであれば、移民一世と移民三世以降（外国生まれの両親を持たず、18歳以上のアメリカ生まれの三世以降。つまり市民）では、財政的影響に差がなくなるのだ。一方、こうした要因を調整すると、移民二世は移民三世以降よりも財政的に貢献しているのが分かる。二世世代は、三世以降よりも、働ける間に多くの税金を支払っていることになる。ちなみに、平均教育年数を比べると、二世は三世以降の年数より長く、所得で見ても、二世の方が三世よりも高くなっている。

分析と現実のギャップ

ただ、こうした分析は、いろいろな仮定を設けた試算であり、あくまで参考にすぎない。一人一人のデータがあるのではなく、各財政年度における総歳入と総歳出を、いくつもの仮定に基づいて、異なるグループに振り分けて分析しているのだ。このため、仮定によっては、分析結果がかなり変わるという批判もある。おおよそこんな感じであろうというくらいで、本当のところはよく分からないのだ。

また、計量経済学の分析では、いろいろな要素を調整するが、その結果の解釈にも注意が必要だ。たとえば、前述の研究でも、年齢や性別、人種が同じで、学歴も変わらず、扶養家族の数も同じであればというように、いろいろな要素を調整しているが、実際の移民は、こうしたいろいろな要素において、市民とは違う。すると、移民によって財政負担が増えるという解釈も可能になる。たとえば、移民は子沢山なので、子供の少ない市民よりも公共サービスの利用が多くなる。

よく耳にする、移民擁護の見解も同様だ。たとえば、「低所得移民による公的扶助の利用は、低所得市民と比べて必ずしも多くない」というものだ。たしかに、所得を調整すると公的扶助の利用は同程度かもしれないが、低所得者である移民の数が増えると、公的扶助の利用総額自体は増加する。中・高所得の市民がその分を肩代わりするのであれば、彼らの負担額は増えることになる。

なお、市民の税負担を減らしたというイギリスの事例は、移民の優秀さに依拠している可能性がある。イギリスでは、移民の学歴が市民よりも高いため、所得を稼ぐ能力も高くなっているからだ。ちなみに、イギリスとアメリカでは移民の出身国も違う。現在イギリスの移民出身国のトップ3は、ポーランド、インド、パキスタンで、この3カ国で移民全体の24%弱を占める（The Migration Observatory at the University of Oxford, 2018）。一方、アメリカの主要な移民出身国は、メキシコ、インド、中国、フィリピンで、この4カ国で移民全体の40%強を占める（U.S. Census Bureau）。もし、移民の出身国と受け入れ国での経済的適応に相関があるのであれば、好ましい移民を選別すべきではないかという、倫理的にはきわめて繊細な新たな論点（第5章4「受け入れる国を選別すべきか」）が浮かび上がってくる。

外国人労働者受け入れと日本の消費税

これまでの研究を見ると、移民による影響への見解は分かれている。イギリスでは市民の税負担を減らす一方、アメリカでは市民の負担を増やすとされている。国によっては、移民は、市民と比べて負担の割にはあまり社会福祉を利用せず、財政的貢献しているのだ。また、移民を受け入れることは、他国の教育によって育成された人材の寄贈を受けているともいえ、目には見えない費用軽減効果もある。

では、日本の場合はどうなのだろう。本章第１節でも紹介した南カリフォルニア大学のイムロホログルらの試算によると、外国人労働者の受け入れ規模によって、その結果が変わってくる。[*11] 大量の外国人を受け入れるのでなければ、日本人の財政負担への影響は軽微だ。

彼らの将来予測は、永住者ではなく、一時的な滞在者のシナリオだ。日本は、外国生まれの労働者を毎年20万人ずつ受け入れるが、彼らは10年働いた後、帰国すると仮定する。毎年20万人の流入で10年滞在という数値は、２０１４年に日本政府が発表した外国人労働者に関する初期調査の数値とおおよそ一致する。また、外国人労働者の生産性は、日本人の半分と仮定する（図表４−５）。

分析では、政府支出を賄うために消費税率が変化するのだが、外国人労働者を受け入れた場合の消費税率は、そうでない場合より、２から３％ポイント低くて済む。少子高齢化によ

図表4-5　消費税率の変化

	受け入れなし	20万人受け入れ、日本人の生産性の半分	20万人受け入れ、日本人と生産性同じ	100万人受け入れ、日本人の生産性の半分	100万人受け入れ、日本人と生産性同じ
2015年	8.17	7.92	7.67	6.84	5.55
2020年	10.24	9.70	9.15	7.56	5.09
2030年	13.95	13.32	12.68	11.18	8.68
2040年	21.88	20.93	19.99	18.20	14.99
2050年	28.94	27.60	26.29	24.42	20.58
2060年	34.20	32.47	30.82	29.00	24.65
2070年	36.41	34.33	32.37	30.80	26.15
2080年	35.75	33.40	31.20	30.08	25.40
2090年	35.98	32.98	30.23	30.25	25.50

İmrohoroğlu, et al.（2017）のTable 3と4よりデータの一部を抜粋して作成

って経済規模が縮小して税収が減る一方、支出は増えるため、消費税率は上げざるをえない。しかし、その上昇が若干抑えられる。

ちなみに、外国人の生産性が日本人と同じと仮定しても、外国人労働者だけで日本の財政問題を解決するほどではない。最初の分析よりも消費税率の上昇は抑えられるが、その程度はさほど大きくないのだ。日本人の財政負担に大きな影響があるとまではいえない。

そこで、外国人労働者の受け入れ数を増やし、アメリカ並み（労働力の約16％が海外生まれの労働者）にすると、結果が変わる。毎年１００万人受け入れると、そうでない場合より、消費税率が5から10％ポイントほど低くて済む。大量に外国人を受け入れれば、課税ベースを拡大させ、日本人の財政負担にも影響が出てくる。

ただし、財政負担の試算にはいろいろな仮定があり、本当のところはよく分からない。この分析でも、国の債務残高対ＧＤＰ比が永遠に２０１３年時点の１３０％で維持されるなどの仮定を設けている。データにより違いはあるが、財務省の資料によると、長期政府債務残高対ＧＤＰ比は、13年の１５５％から18年には１６８％に上昇している。経済状況は刻々と変化するのだ。

また、先ほどの試算では、外国人労働者を受け入れなければ、２０７０年以降50年近く、消費税率が35％を超える時期が続く。しかし、こうした状況に陥る前に、政治的に他の経済対策が講じられるだろう。

日本経済を取り巻く状況は刻々と変化するので、実際にどのような影響があるかは不明だ。現実には、試算で想定されていないことがいくつも起こる。たとえば、国内で震災が起これば、外国人の流入が鈍化するだけでなく、国内に住んでいる外国人も流出する。また、アメリカと中国の貿易戦争や北朝鮮のミサイル発射、アマゾンの森林火災も例外ではない。こうした出来事で世界経済が減速すれば、日本の景気も後退し、財政支出が増えるかもしれない。マクロ経済は複合要因によって変化するので、外国人労働者の観点だけから予測することには、限界もあるのだ。

＊

第4章では、移民が増えることで、市民の懐具合がどのように変化するかを考察した。その結果、都市間での転売が難しく、移民を多く雇用する分野の財やサービスの価格は低下することが分かった。これらの分野で働く人たちの賃金低下が、価格低下を可能にしたのではないかと指摘されている。このため、生活費の低下と賃金の低下を総合して、購買力の変化で見ると、大学や高校を卒業している市民の購買力は上がるが、高校中退の市民や既存の移民の購買力は下がることも示された。

また、短期的には、家賃や住宅価格が上昇する。住宅所有者は家賃収入や資産価値上昇の恩恵を受けるが、賃貸居住者は支出が増加する。資産所有者と非所有者との間で、新たな経済格差を生む可能性がある。ただ、広範な地域区分を使った分析では住宅価格が上昇し、逆に、細分化された区分の分析では、移民によって住宅価格が低下する傾向が見られる。特に、低学歴の移民が増える地域では、住宅価格が低下していた。所得が高い市民ほど、こうした地域から引っ越してしまうからだ。移民が多い地域に住む市民は賃金が低い傾向にあるので、富裕地区と貧困地区という格差問題が生じる懸念がある。

最後に、移民が財政的に貢献するかどうかは国によって違う。イギリスでは、市民労働者の税負担を減らし、国の財政赤字の減少に寄与したとされるのに対し、アメリカでは、市民の財政負担を拡大しているようだ。イギリスの移民は市民よりも学歴が高いため、移民の性質によって結論が違った可能性があるが、財政負担の試算にはいろいろな仮定があり、本当のところはよく分かっていない。

これまでの章では、身近な暮らしについて移民の影響を考えてきた。次章では、生産性をテーマに、移民の影響を見ていく。これまでは、個人の観点からの議論であった（第2章を除く）のに対し、国家全体の観点からの議論に話が移る。

第5章　イノベーションの起爆剤になるのか

経済学で生産を議論するとき、技術、労働、資本の三つが主要な要素だ。日本では、高齢化に伴い労働量と資本量の減退が見込まれるなか、経済成長を維持するために技術革新への期待が高まっている。生産性の改善は、持続可能な経済成長に必須《ひっす》なものとして、政策議論が盛んなトピックである。第2章では、労働と資本（生産要素もしくは生産に必要な投入物）の観点から経済成長を考えたのに対し、本章では、技術（生産要素以外）の観点から経済成長の源泉への影響を見ていく。

本章のトピックは、移民と技術革新の関係だ。技能の低い労働者移民が増えると、技術革新は遅れるのだろうか。また、技術革新を進めるためには、高度な技能を持つ移民の手助けが有効なのか。生産性を改善し、経済を成長させ続けるために求められる移民の受け入れとはどのようなものなのか。移民に研究開発を依存することの問題点などと合わせて考えていこう。

1　低技能労働者が増えると技術革新が遅れるのか

技術革新が遅れ、雇用が守られる

単純労働に従事する移民が増えると、技術革新が遅れるという見解がある。移民を受け入れると、国内における労働者の技能水準は変化する。たとえば、アメリカでは多くの高校中退者が移民してきたため、低技能の労働者が相対的に増えた。その結果、全体として見ると、労働者の技能水準が低技能化した。このように労働者の平均的な技能水準が変わると、技術革新にも影響があるのだろうか。

この疑問に答えるために、ダートマス大学のルイスは、アメリカにおける生産技術と労働者の技能水準の関係について研究した。都市ごとに見た労働技能水準の変化の違いが、それぞれの都市における工場の技術採択にどのような影響があるかを分析したのだ。アメリカにおける移民の流入数は、都市によって違う。このため、高校中退の労働者が増える程度も、都市によって異なる。この違いを生かした分析だ。また、ここでの生産技術とは、組み立て・加工、検査や運搬管理などを行う自動機械化を指している。労働者の技能は学歴によって分類され、大卒以上は高技能、高卒または高卒相当は中技能、高校中退は低技能とする。

その結果、低技能労働者が増えると技術革新が遅れることが示されている。１９８８年から93年にかけて、移民の流入により、高校卒業者に対する高校中退者の比率が急速に増えた。この時期にその比率が大きくなった都市ほど、88年からの5年間に、工場で追加された技術の数が減っていたのだ。つまり、工場の自動機械化が遅れた。

高技能や中技能に比べて、低技能労働者が急速に増えた大都市の工場では、生産1単位当たりの機械使用が少なくなっている。「せっかく低技能労働者がたくさんいるのだから、わざわざ設備投資をしなくても、彼らに仕事をしてもらおう」という現象が見られたのだ。専門的にいえば、低技能労働者が相対的に増えると、資本・産出高比率の成長が遅くなる。それぞれの都市で利用可能な労働者の技能水準によって、生産における資本（＝機械使用）の割合が変わるのだ。

また、ルイスの分析では、アメリカの製造業における自動機械化は、工場で働く技能の低い労働者にとって代わる一方、中程度の技能の労働者を補完するとする。自動化に置き換えられやすい検査や組み立てなどの仕事は高校中退者が多いが、コンピューターや数値制御装置の操作員には高校卒業者が多く働いている。1988年からの5年間の例では、自動機械化が遅れて低技能労働者を活用したため、雇用を維持できた低技能労働者の賃金があまり下がらなかった可能性を示唆している。移民流入のおかげで、機械にとって代わられなかったのだ。

効率的な仕事の割り振りへの貢献

他の研究でも似たような結果が見られている。生産性や技術採用に関する長期的な影響を分析した研究だ。[*1] 1960年から2006年までの国勢調査のデータを使って、アメリカにおける州ごとの総生産（州民総生産）の成長要因を分析したところ、移民が多いほど、「全要素生産性」が高くなっていた。全要素生産性とは、経済成長の要因のうち、技術進歩や生産の効率化などの寄与度を測ったものだ。これは、資本や労働量を増やした場合の成長とは異なる要因である。つまり、ある州への移民が増えると、その州における生産性の成長を促進するという結果が出ているのだ。

先ほどの結論と違うではないかと思われるかもしれない。しかし、生産性の上昇は、高度な生産に移行したからではなく、たとえば、移民が単純労働を受け持ち、学歴の低い市民が意思疎通を重視する仕事を行うというように、仕事の種類にあわせて労働者が再配置されたことと関連があるだろうと推測している。つまり、移民によって、効率的に仕事を割り振れるようになったわけだ。

実際、移民の雇用割合が多いほど、高学歴の労働者の割合が少ないだけでなく、技能を必要としないローテクな生産になっていた。ちなみに、この分析では、学歴によって、高学歴（大学中退を含む大卒以上）を高技能、低学歴（高校卒業まで）を低技能とする。

なお、この研究に関しては、分析の仕方によって、その結果の振れ幅が大きいため、疑似相関（移民と生産性の成長には因果関係がないのに、見えない要因によってあたかも因果関係があるかのように推測されている）の可能性も否定できないと但し書きがついている。

日本は変われるか

日本でも、単純労働を行う外国人労働者を大量に利用することで、高度な技術を使う生産体制への移行が遅れる可能性がある。ピエリの研究では、移民が流入した州では生産性の向上が認められたが、それと同時に、低技能的な生産に偏重していた。これは、低技能の労働者が多いと高度な技術の採用が遅れるという、ルイスの研究とも一致する結果となっている。

ただ、技術革新が遅れることは、一概に悪いことだとはいい切れない。現在働いている日本人の雇用を維持するかもしれないからだ。新しく導入される技術の操作に習熟していない低技能労働者のなかには、失業する人も出てくる。技術革新の速度をゆるめると、そうした産業転換に伴う痛みを緩和してくれる。特に、不利益を被るのが経済的弱者の場合にはなおさらだ。

また、外国人労働者の増加で、生産性の成長が否定されているわけでもない。仕事の種類にあわせて職場の配置が変更されると、生産性が改善する可能性もありそうだ。ただし、こうしたプロセスが機能するかどうかは、日本企業の人事制度にも依拠してくる。外国人の受け入れ拡大に伴い、企業には新しい働き方のための整備が求められるだろう。

現状を前提として、外国人が増加したらどうなるかと議論（もしくは経済予測）することには、あまり意味がないことが分かる。現実には、一つの変化に呼応して周辺環境が次々と変わっていくからだ。このため、日本と同じ状況でないとはいえ、移民を多く受け入れてきた海外の事例分析の方が、将来を考えるうえでの示唆に富むと感じる。

本節では、低技能労働者の受け入れが、イノベーションに与える影響を見てきた。次節では、高技能労働者の受け入れとイノベーションの進展の関係について考えていく。

２　技術立国には外国人研究者が必要なのか

高技能の移民への期待

高技能を持つ移民は、経済成長の基盤となる新しい技術開発に欠かせないという見解がある。たとえば、日本では２０１２年５月より高度人材ポイント制が導入され、高度な専門知識を持つ研究者などに出入国管理上の優遇措置が設けられている。高度人材ポイント制のような形で、特定の外国人受け入れを支持しているのだ。

法務省入国管理局のウェブサイトでは、「我が国が積極的に受け入れるべき高度外国人材とは…「国内の資本・労働とは補完関係にあり、代替することが出来ない良質な人材」であり、「我が国の産業にイノベーションをもたらすとともに、日本人との切磋琢磨《せっさたくま》を通じて専門的・技術的な労働市場の発展を促し、我が国労働市場の効率性を高めることが期待される人材」とされています。（平成21年5月29日高度人材受入推進会議報告書）」となっている。

また、同様な考えは他国でも共有されている。２００９年の国勢調査によると、アメリカの労働者のうち、移民割合は約16％だが、工学博士に占める移民の割合は47％であり、特許出願者の約25％が移民だ。データを見る限り、技術革新分野での移民の重要性がうかがえる。

このため、外国人研究者の入国を制限するような政策は、国家の生産性を低下させるのではないかと危惧されている。

奨学生と自費留学生の比較

こうした問題意識から、外国人研究者による知識開発を検証した研究がある。[*2] 1973年から98年までのアメリカの理工学部に入学した博士課程の大学院生が、どの程度知識の開発に貢献したかを分析したのだ。知識開発の程度は論文やその引用数によって測り、留学生を送り出している主要50カ国からの留学生データが使われている。多くの外国人に博士号を授与している大学100校の理工学部の23分野が対象だ。

その結果、いくつかのことが分かった。まず、外国人研究者が、アメリカ人研究者と入れ替わっている可能性だ。たとえば、GDPが拡大した発展途上国では金銭的な余裕ができ、アメリカへ留学しやすくなると考えられる。こうした外生的な変化によって外国人留学生が増えるほど、アメリカ人の入学が減っていたのだ。見方によっては、留学生がアメリカ人の研究ポストを奪っているといえる。

また、大学院生の数が増えるほど、論文や引用数も増えていた。理系の学生は、知識開発の源泉だ。院生1人当たりで見ると、通常6年である博士課程の間に、0・8本から4・6

本の範囲（分析手法でかなり違いがある）で論文数が増えるとされている。ただし、外国人院生の貢献度は、アメリカ人院生の貢献度と変わらない。成果で見る限り、外国人の方が生産的というわけではなかった。

留学生の種類による違いも考察されている。どのような留学生を受け入れるべきかは、政策的に興味のある問題だ。できるだけ優秀な留学生を確保したいところである。ただ、留学生の質を測ることは簡単ではない。そこで、授業料の支払い能力（自費留学か奨学生か）に着目する。奨学金を受けるには一定の学業成績が求められるため、奨学生は自費留学生よりも優秀であると見なす。そして、授業料の支払い能力が増した（たとえば、留学生の出身国のGDPが成長した）場合には自費留学が増えるため、留学生の質が下がるとして分析をしたのだ。

アメリカの大学の授業料は高額だ。アメリカでは、有名な名門校には私立大学が多く、こうした大学の年間授業料と寮費（含む食事）を合計すると、700万円から800万円といわれている。また、割安な州立大学でも、有名校の場合には500万円から600万円かかる。一方で、奨学金も充実しており、成績優秀者は授業料が全額免除されることもある。奨学生が自費留学生よりも優秀であるという仮定は、ある程度妥当なものといえる。

分析の結果、授業料の支払い能力が増した場合の留学生は、そうでない場合と比べると、その生産性が半分にまで下がっていた。これは、授業料を支払える学生よりも、奨学金を必要とする学生の方が、知識の開発に寄与することを示唆している。このため、外国人留学生に対するビザ制限は、資金担保（金融機関の残高証明など）に基づくべきではないとする。自費留学が増えるような場合には、高技能の移民による恩恵が、かなり低下してしまうからだ。

民族多様性の効果はどうだろう。2ヵ国から10人の留学生を受け入れる場合と10ヵ国から10人の留学生を受け入れる場合を比べるのだ。いろいろな国から学生を受け入れている学部ほど議論が活性化し、よいアイデアが生まれそうである。

たしかに、こうした恩恵の可能性は示されているが、その効果の程度は微妙で、分析方法によっては恩恵が見られなかった。いろいろな国の人がいるとコミュニケーションが難しくなり、意思疎通のための調整費用が高くなる。このため、多様性による恩恵があっても、その効果がある程度相殺されるのではないかと推測されている。研究ユニット内の多様性が知識開発を促進するかについては、はっきりとしたことは分かっていないのだ。

まとめると、長期的には、外国人研究者がアメリカ人研究者にとって代わっている。しかし、外国人の貢献度は、アメリカ人のそれよりも高いわけではない。能力が同じような外国人によって、市民の雇用が脅かされている可能性がある。

STEM系の移民の影響

研究室だけでなく、企業にも変化が見られる。ウェルズリー大学のカー、ハーバード大学のカーとジョンズ・ホプキンス大学のリンカーンは、技能労働者である移民が増えると、アメリカ企業の雇用構造がどのように変化するかを研究している。[*3] 1995年から2008年までの319社のデータを使った分析だ。雇用数だけでなく、特許数が多い企業がサンプルとして選ばれている。

この分析では、帰化した市民と市民でない人が移民とされている。また、技能労働者の分類は、学歴ではなく年収だ。1995年から2008年までで見た年収の中央値が、5万ドル（2008年基準の実質）を超える場合には、技能労働者とされる。さらに、40歳未満を若い労働者、40歳以上を年長の労働者と呼ぶ。

彼らの分析によると、移民を中心とした技能労働者によって、企業のメンバーが若返っている。若い技能労働者の移民を積極的に雇用する企業ほど、労働力のうち、「移民である技能労働者」の割合だけでなく、技能労働者全体の割合が増える。また、40歳を超える技能労働者の割合が低くなるだけでなく、「40歳を超える市民の技能労働者」の割合も低くなるのだ。こうした企業構造の変化が、特許数の多い企業で見られている。

雇用だけでなく、離職についての分析もしている。ただ、企業が若い技能労働者の移民を雇用するほど、市民労働者が離職する証拠については限定的だった。

また、職種別に見ると、研究開発の中心となるＳＴＥＭ（科学、技術、工学、数学）分野において、年長者の離職率が若い労働者よりも高くなっていたが、統計的に有意な結果にはなっていなかった。移民がＳＴＥＭ系の年配市民を追い出しているかどうかについては、何ともいえない。

彼らの分析が若い人に焦点を当てているのには理由がある。アメリカでは、多くの技能労働者がＨ－１Ｂという就労ビザで入国している。これは、企業が専門職の外国人労働者を雇用するときに使う企業スポンサーのビザだ。Ｈ－１Ｂビザの90％は40歳未満で、技能労働者である移民の大部分が若い人である。こうした若い技能労働者の移民を雇用する企業ほど、その雇用構造が大きく変わるのが分かる。

さらに、移民による市民の離職に関する証拠は限定的だが、移民の雇用が多い時期に離職した市民は、その後苦労（長い求職期間や賃金低下）する。それは、離職の理由（自発的辞職か解雇）のいかんに関わらない。１９９５年から97年までのデータを使った分析で、20歳から49歳までの「帰化で市民権を得ていないアメリカ市民」のうち、一定の給与額がある人を対象とした研究結果だ。[*4] 分析では、移民の雇用が多い時期に離職した市民を、少ない時期に離職した市民と比べている。

それによると、移民の雇用が多い時期に離職した市民のうち、STEM系の労働者は、それ以外の労働者より、求職期間が長くなっている。また、再就職後の賃金で見ても、移民の雇用が多い時期に離職したSTEM系の労働者は、それ以外の労働者より、賃金の低下が大きくなっている。こうした賃金低下の傾向は、5年や10年の期間で見ても変わらない。

ちなみに、移民の雇用が多い時期とは、ある企業の「雇用者数のうち移民の占める割合」と比べて、その企業の「新規採用者数に占める移民の割合」が高い時期である。企業規模に比べた新規に採用される移民の割合でもよいと思われるかもしれないが、企業が成長しているときには多くの移民も採用されるので、そうした影響をできるだけ受けないようにするためだ。

ただし、この分析結果では、移民の雇用が増えたから、市民、特にSTEM系の市民が苦労しているかどうかは分からない。因果関係をいえないのだ。しかし、移民によって、市民の雇用にしわ寄せがきている可能性はある。いずれにしても、企業の雇用構造に変化が見られるのだ。

短期的な貢献

では、こうした雇用構造の変化は、技術革新とどのように関係しているだろう。ハーバード大学のカーらは、H-1Bビザ・プログラムによる外国人受け入れ数の変化が、アメリカの発明に与えた影響を考察している。[*5] 科学・工学分野やコンピューター関連の職種は、H-1Bビザによる受け入れ数の約60％を占めており、特に、2000年から05年までのH-1Bビザ取得者の約40％がインド、約10％が中国出身だ。インド系や中国系の移民が、科学・工学分野の成果に大きな影響を及ぼすことが想像できる。

分析の結果、H-1Bビザによる外国人の受け入れ数が増えると、移民が貢献した発明が増加し、アメリカの技術革新に重要な役割を果たしているとされている。少し詳しく見てみよう。

まず、1995年から2008年までの州レベルのデータを使って分析すると、H-1Bビザによる受け入れが増えているとされる州ほど、科学・工学分野における移民の雇用が増加している。一方、同分野での市民の雇用には影響が見られない。移民が市民の雇用を奪った形跡もなく、州レベルで見た科学・工学分野における雇用の増加は、移民による増加分だとされている。

ちなみに、H-1Bビザによる受け入れが増えているとされると記述しているのは、実際の受け入れ数が分からないからだ。国レベルのデータはあっても、州レベルのデータがないので、推定値を使用した分析になっている。

次に、1995年から2007年までの市や企業レベルのデータを使った分析では、発明者の名字から出自を推測した考察をしている。インド系、中国系、アングロサクソン系、その他の4つの民族に分類した分析だ。その結果、H-1Bビザによる受け入れ数が増えているとされる市（または企業）ほど、インド系や中国系の名字を持つ人による発明が増えていた。

これらをまとめると、H-1Bビザによる受け入れ数が増えると、科学・工学分野における移民の雇用や特許が増える一方、同分野での市民の雇用や特許には大きな変化が見られない。このため、発明の増加は、移民による貢献が主な理由だと考えられている。

カーらは、ここで示した結果は短期的な影響だとする。長期的には、移民の科学者やエンジニアはいろいろな影響を及ぼすからだ。一例として、市民が科学や工学を専攻しなくなる可能性を挙げている。すると、科学・工学分野での市民の雇用や特許には影響がないという結果も変わってくる。

たとえば、本節最初に紹介した研究（1973年から98年までのデータを使用）の結果は、中長期的な影響だと考えられる。その研究では、外国人研究者がアメリカ人研究者と入れ替わっている可能性を指摘している。

もちろん、この二つの研究では、分析対象期間だけでなく、分析対象となったグループも違う。本節の最初で紹介した研究は、研究室というより小さな単位を使っている。そのため、ボージャスらが指摘するように、移民と市民の入れ替えが表れた可能性も否定できない（第1章参照）。つまり、より狭い範囲で、中長期的に見ると、移民と市民の研究者の入れ替えが起こるのかもしれないのだ。

高度な技能を持つ移民を受け入れることで、技術革新が促進されるという確固たる学術的証拠は、現段階ではない。市民と比べて、移民の方が優れた研究成果を出すとまではいい切れないのだ。また、高技能な移民を受け入れることで、全体で見た発明が増えるわけでもない。その一方で、研究開発に携わる市民の役割が、移民にとって代わられる危険性が示唆されている。この点について、さらに詳しく見ていこう。

科学技術分野が乗っ取られるのか

移民が増えると、技術革新の推進力である科学技術分野が外国人に乗っ取られてしまうという見解がある。たしかに優秀な技能労働者である移民は、市民の生産性を向上させ、技術革新を促進する可能性がある。しかし、移民が市民を補完し、共存共栄できるとは限らない。移民労働者が市民労働者にとって代わり、国内にいる市民の技能が失われるのではないかという危惧もあるのだ。

ただ、こうした心配には及ばないかもしれない。たとえば、外国人ＳＴＥＭ（科学、技術、工学、数学）労働者の増加によって、アメリカにおける市民労働者の生産性が改善したという研究がある。１９９０年から２０００年にかけて、２１９のアメリカの都市で働く市民への長期的な影響の分析とされている。[*6] その分析によると、外国人ＳＴＥＭ労働者の増加は、大卒の市民労働者の賃金をかなり増加させるだけでなく、非大卒の市民労働者の賃金もある程度増やす結果となっている。専門的にいえば、移民と市民は補完的なのだ。

その分析によると、都市の雇用者に占める外国人ＳＴＥＭ労働者の割合が１％ポイント増えると、大卒である市民労働者の賃金が約７～８％ポイント増える。同様に、非大卒である市民労働者の賃金も約３～４％ポイント増えている。

また、大卒と非大卒のいずれの市民労働者の雇用にも影響は見られない。雇用には変化がなく、賃金が上がっていることから、外国人ＳＴＥＭ労働者は、市民労働者（特に、技能労働者に偏向して）の生産性を改善したと推論している。

技能の波及効果と締め出し効果

しかし、移民が市民の生産性を向上させ、技術革新を促進するのは、きわめて特殊な場合に限られるという反論がある。技能を持つ移民が市民の生産性を向上させる波及効果は、①

両者が頻繁に身近で接触する場合にのみ起こる現象で、②成長過程の市民には有効だが、ある程度キャリアが確立している市民への影響は大きくないといわれる。

たとえば、ナチス政権下の数学者の成果について考察した研究では、迫害によって公職を追放されたユダヤ人教授の影響を分析している。[*7] 当時、ドイツの大学で教鞭《きょうべん》をとり世界の数学を牽引していた優秀なユダヤ人教授の解雇前後を比べると、卒業生の研究レベルが下がっていた。こうした著名な教授の指導を受けていない大学院生は、それ以前の卒業生と比べると、研究者に引用されるような影響力のある論文を書けず、教授になる確率が低下していたのだ。技能の波及効果は、技能を持つ人が成長過程にある人と身近で接触する場合に起こることが分かる。

一方、数学だけでなく、物理学や化学の分野にまで対象を広げ、1925年から38年までのドイツの大学において、アインシュタインのような優秀なユダヤ人教授が追放された影響を検証したところ、同僚の教授たちの論文数には、あまり影響が見られなかった。[*8] 技能を持つ人と頻繁に身近で接触しても、キャリアが確立している人には影響がないことが分かる。

では、実際に技能を持つ移民を受け入れると、市民に技能の波及効果があるのだろうか。残念ながら、技能を持つ移民は市民の生産性を改善しないだけでなく、むしろ同じような技能を持つ市民の競争相手となり、駆逐してしまうという研究がある。共産党の崩壊をきっかけとして、旧ソ連から多くの数学者がアメリカに移住した際、アメリカの数学者に与えた影響を分析したものだ。[*9]

当時、旧ソ連の数学者は微分方程式の分野に強く、アメリカの数学者は統計学が得意の分野だった。こうした状況下で、旧ソ連の数学者が流入した結果、微分方程式の分野におけるアメリカ人数学者の論文数は、統計学に比べて著しく減少した。アメリカ人数学者の生産性が低下したのだ。

もちろん、旧ソ連の数学者による研究成果は、アメリカ人数学者による研究成果の低下を埋め合わせていた。しかし、埋め合わせて余りあるほどではなかった。全体の成果が増えているとはいえなかったからだ。また、アメリカ人数学者は研究職を追われ、研究環境の悪い大学や研究所などに移っていた。結局、旧ソ連の数学者がアメリカの数学者を触発する効果よりも、旧ソ連の数学者がアメリカの数学者を研究から締め出す効果の方が大きかったとされている。

「乗っ取られる」可能性が高い

第1章で見たように、研究者によって分析結果には偏りがある。個人的にどちらかの派閥に味方するわけではないが、科学技術分野が乗っ取られるかという研究に限っていえば、ボージャスらの否定的な見解に分がありそうだ。

理由はいくつかあるが、①ボージャスが指摘するように、ピエリらの研究では、都市の雇用者に占める外国人STEM労働者の割合が1割増えると、大卒である市民労働者の賃金が倍近くまで増えることになる。移民による市民への影響が大きすぎて、考えづらい結果だ。また、②ボージャスらの研究結果は、本節前半で紹介した他の研究結果とも整合性がある。さらに、③同じ労働市場に、どのような移民と市民を分類するかは分析結果を大きく左右する。大まかな分類よりも、細かな職業分類を使った分析の方が、直観的にもっともらしいと感じられる（図表5-1参照）。

図表5-1　大まかな分類により、影響が希釈する例

（例1）

	区分A	区分B	区分C
変化前	100	100	100
変化後	100	94	100

①職種区分Bでは、就業者が100人から94人に減少。職種区分Bで見ると6％の減少
②全体で見ると、就業者が300人から294人に減少。全体で見ると2％の減少
→細かい区分で見ないと、本当の影響が過小評価される危険がある

（例2）

	区分A	区分B	区分C
変化前	100	100	100
変化後	101	94	102

①職種区分Bでは、就業者が100人から94人に減少。職種区分Bで見ると6％の減少
②全体では、就業者が300人から297人に減少。全体で見ると1％の減少。ただし、区分Bの減少分6人のうち、1人は区分Aに転職。2人は区分Cに転職。3人は失業
→全体で見ると影響が少なくても、特定の区分では大きな影響があることもある
筆者作成

受け入れる移民が優秀な技能を持っていても、すべての市民にとって手放しによい結果となるわけではない。場合によっては、市民が受け持っていた業務を移民がとって代わるだけ

で、全体としての成果は改善しないかもしれない。

これまでの議論で、自国の市民を利する移民とそうでない移民がいることが分かった。次節では、どのような国から移民を受け入れるとよいのかについて考える。いろいろな市民で構成される自国の利益をどのようにとらえるかが、議論のポイントとなる。

3　受け入れる国を選別すべきか

出身国の選別は合理的か

理想的な人材を移民として受け入れるためには、個人のいろいろな資質に基づいて審査する必要がある。ただ、こうした審査をきちんと行うと大変複雑なものになるだろう。煩雑《はんざつ》な手続きが必要となり、行政費用がかさむ。実務上、現実的でない可能性があるのだ。そこで、移民を受け入れるときには、執行面で取り扱いやすい基準があると便利だ。たとえば、何らかの基準でスクリーニングをかけるというのも一つの方法である。入学試験の足切りのようなものだ。

たとえば、移民を受け入れるときに、受け入れの対象となる国を選別すべきだという意見がある。○○人と△△人は受け入れるが、□□人は受け入れないというものだ。誰しも良き隣人を望むが、行儀の良い移民と悪い移民がいる。私たちが自国へ移住してきてほしいと思う人は、外国から移住したい人とは違うかもしれない。そこで、どの国の出身かによって、移民として受け入れるかどうかを判断しようという主張だ。

こうした取り扱いは差別的とも受け取られ、一見すると、悪いことのように感じられる。ただ、よくドイツ人は几帳面《きちょうめん》だとか、南米出身者はおおらかだとかいわれる。また、外国人だけでなく、内輪の日本人に対しても、しばしば似たような見方をする。たとえば、雪に閉ざされた長い冬を過ごす××県人は粘り強いとか、一年中温暖な気候でのんびりと過ごしている☆☆県人は時間にルーズだとかいうものだ。

これまでの研究では、出身国（地）によってステレオタイプ的に行動パターンを分類することは、ある意味、的を射ているとされている。たとえば、イタリアの銀行に勤める職員を対象にした分析では、イタリア内の出身地域によって、仕事をさぼる傾向に違いが認められている。

外交官の駐車違反が示唆するもの

また、コロンビア大学のフィスマンとカリフォルニア大学バークレー校のミゲルは、国連に勤務する外交官の駐車違反を調べ、国によってズルをする程度が違うとする。[*10] 社会の腐敗度が高い国（たとえば、汚職などが一般的な国）からの外交官は、外交特権を私的に乱用し、反則金の支払いを怠る傾向があるのだ。

ご存知の方もいるかもしれないが、国連のあるマンハッタンでは、駐車スペースを探すのに大変苦労する。このため、駐車違反も多く見られる。

こうしたなか、外交特権は、無料の駐車券と揶揄《やゆ》されていた。駐車違反をすると、外交官であることを示すプレートをつけている車も反則切符をもらうかもしれない。しかし、国連に派遣された職員やその家族は、外交特権を使い、2002年までは反則金を支払わなくても罰せられなかったのだ。反則金を払うかどうかはあくまで自発的な行為であり、それぞれの出身国の文化的な規範にゆだねられていたといえる。

しかし、世論に後押しされる形で状況は変わった。2002年11月から、支払い不履行が累積4回以上の外交官の車から、ニューヨーク市が外交官のライセンスプレートを没収できるようになったのだ。さらに、ニューヨーク市は、国務省に対し、不履行を犯した外交官の出身国に援助するアメリカの資金のうち、反則金の110%相当額を控除するように申請できることになった（実際に申請されたことはないそうだ）。すると、駐車違反に対する反則金の支払い不履行が、急速かつ急激に減ったのだ。

では、どのような国が反則金を無視していたのだろうか。1997年11月から2005年

図表5-2　国家の腐敗度と反則金踏み倒しの関係

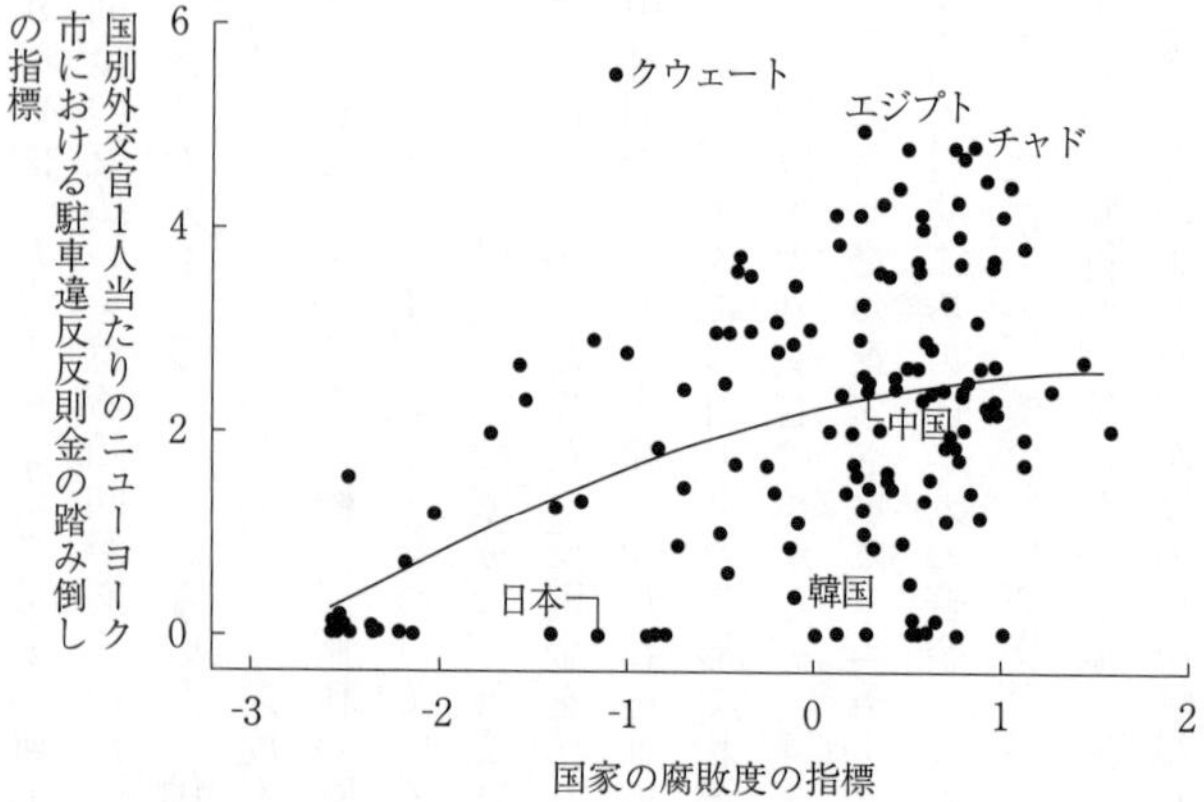

Fisman and Miguel (2007) Figure 2より抜粋して作成。罰則強化以前には、腐敗している国の外交官ほど、反則金を踏み倒していたことが分かる

11月までのデータを使い、外交官1人当たり1年間に反則金の支払いが不履行である回数を見てみると、ワースト10は、クウェート、エジプト、チャド、スーダン、ブルガリア、モザンビーク、アルバニア、アンゴラ、セネガル、パキスタンである。一方、まったく無視していない国は、北欧の国、カナダや日本だった。ワースト6の国は、反則金を100回以上踏み倒している。ちなみに、分析の対象となった149カ国のうち、日本は143位（下の順位ほど、違反が少ない）、お隣の中国は67位、韓国は122位となっている。

こうして見ると、社会の腐敗度が低いとされる国の外交官は、きちんと反則金を支払う一方で、腐敗度が高い国からの外交官は、踏み倒す傾向が見られる。反則金の不履行と社会の腐敗度には関係がありそうだ。

そこで、詳細な分析を行ったところ、社会の腐敗度が高い国から来た外交官ほど、反則金の支払いを無視する回数が多いことが確認された（図表5-2）。また、アメリカと距離的に近い国ほど、反則金の支払いを無視する確率が少ないことも分かった。距離についての結果は、理由が定かではないが、移民や観光を通じて文化的な類似性があるからではないかと推測されている。

これらの結果から、フィスマンとミゲルは、遠く離れた異国の地にいる外交官でも、母国の政府職員のようにふるまい、社会的腐敗と関連した規範の影響の強さがうかがえるとする。こうして見ると、良き隣人となるか、悪しき隣人となるかは、出身国によって、ある程度推測できるかもしれない。

ただし、それはあくまで短期的な議論だ。彼らの分析では、社会的腐敗と関連した規範が、長期的にどのように変わるかまでは分からない。また、彼らの分析は、移民の受け入れ対象国を選ぶために行われたわけではない。社会的な腐敗行為には、文化的な規範と法的処罰の両方が影響を与えることが主眼だ。さらに、法的処罰の影響は、文化的な規範の変化の影響よりも大きいことを示している。

この結果をどう解釈すべきだろう。短期的でも社会的規律を乱す可能性がある移民は排除すべき、つまり、出身国による移民受け入れの選別を認めるべきか、それとも、法的処置によって規律はコントロールできるので、出身国による選択を行うべきでないとするか、いずれにしても難しいところだ。

出身国により異なる移民のタイプ

議論は社会規範にとどまらない。ボージャスによると、出身国により、移民のタイプが違ってくる。[*11] 所得格差が少なく、高技能を有する労働者がさほど評価されていない国からは、高技能労働者が移民してくる。一方、所得格差が大きく、単純労働者が貧困にあえぐような国からは、単純労働者が移民する傾向にあるとする。

ここでの高技能労働者の移民とは、日本の研究者がアメリカに移住するようなケースだ。たとえば、アメリカの大学教授は、野球やサッカー選手のように、契約時に交渉して年収を決めるため、論文や特許のような業績が重要になる。しかし、日本の大学教授は業績で年収が変わることはなく（一部例外は除く）、勤続年数などで一律に給料が決まる。このため、評価に不満を持つ優秀な研究者が、研究環境を含めて、より魅力的なアメリカの大学に移ってしまうのだ。

発展途上国からの単純労働者移民はもっと分かりやすいだろう。貧困を脱するという理由で、経済的により良い生活を求めて移住するのだ。

また、移民の出身国によって、経済的に成功するかどうか違いが見られるとされている。経済的に豊かな国からの移民は、入国直後の賃金が、アメリカ人の賃金と比べても高く、逆に、貧しい国からの移民は低い傾向がある。教育水準の違いが、こうした賃金格差の主な理由とされている。通常、豊かな国からの移民は、高い教育を受けているからだ。

さらに面白いことに、同じ教育水準であっても、豊かな国からの移民の方が、貧しい国の移民より、経済的に成功する傾向がある。豊かな国からの移民は、受け入れ国でも通用する技能を持っているからではないかと推測されている。一方、貧しい国からの移民はそうした技能がないことになる。

こうして見ると、誰を移民として迎え入れたいかといった際、暗黙のうちに、国の選択をしている可能性がある。たとえば、受け入れ国でも通用する技能が、受け入れ国が必要としている技能だとすると、豊かな国からの移民を推奨することになる。

一方、サービス産業の人手不足を解消したいのであれば、所得格差が大きく、単純労働者が低賃金である発展途上国からの移民を念頭に置いていることになるだろう。また、社会規範が似ている国の人の方が、一緒に暮らすのも安心だと思うかもしれない。

どのような人を隣人として迎えたいかの基準が分かれれば、明示的に国の選別をしなくても、自然と対象となる国も絞られてくるだろう。すると、国の選別自体を議論することは、あまり意味のないことになる。

*

第5章では、移民受け入れと技術革新の関係を中心に考察し、外交問題にもなりかねない受け入れ国の選別へと話を広げた。まず、技能の低い移民労働者が増えると、高度な技術の採用が遅れることが分かっている。一方、高度な技能を持つ移民を受け入れると、短期的には研究開発が進むが、長期的な技術の進展には影響がないと見られている。むしろ、長期的には、移民研究者が市民研究者にとって代わるだけかもしれない。移民研究者の受け入れで、市民研究者の研究レベルの底上げが期待されているが、こうした効果があるのはきわめて特殊な場合（キャリアが確立していない若手研究者が、高技能な移民研究者と頻繁に接触して学習できる場合のみ）であり、全体として見ると市民研究者の生産性を向上させない可能性の方が高いようだ。

また、受け入れ国の選別自体は、それほど有意義な議論とはいえない。むしろ、必要とされる移民人材の要件を明確にすることの方が重要だ。所得格差が少なく、高技能を有する労働者がさほど評価されていない国からは、高技能労働者が移民する傾向がある。所得格差が大きく、低技能労働者が貧困にあえぐような国からは、低技能労働者が移民する傾向がある。また、社会が腐敗している国からの移民は、悪い社会慣習を持ち込むことが懸念される。さらに、同じ教育水準であっても、貧しい国からの移民より豊かな国からの移民の方が、受け入れ国（先進国）でも通用するような技能を持っている可能性が高い。こうした知見を踏まえて移民人材要件を明確にすれば、受け入れ国は自動的に絞られてくる。受け入れ国を限定して、外交問題に発展する危険を避けることができよう。

本章では技術革新をテーマに、産業（生産性）の観点から移民の影響を考察した。次章では、社会不安をテーマに、社会・制度の観点から移民の影響を見ていく。私たちの生産・生活の活動基盤にどのような変化があるかを考えたい。

第6章　治安が悪化し、社会不安を招くのか

本章では、犯罪や人との結びつきなど、社会や制度の変化について見ていく。移民が増えると、犯罪が増えたり、他人とのつながりが希薄になったりするのだろうか。また、伝染病が持ち込まれて、パンデミック（伝染病の大流行）を招くのだろうか。

もし、社会や制度に大きな変化があれば、これまでの章で見てきた議論の前提が根底からくつがえされてしまう。本章では、個人の集合体としての国家という観点から、移民の影響を考えていこう。

1　多文化共生で地域の結びつきが薄れるのか

接触仮説と紛争理論

移民や民族の多様性が「社会的連帯」や「社会関係資本」を減らすという見解がある。社会的連帯とは個人間の相互依存的な結びつきのことで、社会関係資本とはソーシャル・ネットワーク（付き合いの輪）やそれに伴う相互利益の規範や信頼性のことだ。移民が増えて民族が多様になった社会では、他人を信じられず、地域や友人とのつながりが少なくなり、人のために一肌脱ごうとしなくなるというのだ。

民族の多様性が人のつながりに与える効果には、二つの相反する見方がある。一つは、民族の多様性が、異なる民族への寛容と社会的連帯を促進するという「接触仮説」だ。この仮説では、自分とは違う民族や人種の人と接触すればするほど、お互いに理解しあい、信頼するようになると考える。もう一つは、「紛争理論」と呼ばれるもので、多様性は、「内集団」（自分と同じ民族や人種）の結束と「外集団」（自分と違う民族や人種）への不信を促す、とする。自分たち（内集団）の地位や価値観を脅かす存在として、部外者（外集団）をとらえているためだ。

接触仮説と紛争理論の両者は見方こそ違うが、同じ仮定の上に立つ。それは、内集団（自分と同じ性質のグループ）での信頼と外集団（自分と違う性質のグループ）への不信がセットになっていることだ。たとえば、自分と同じ日本人とのつながり（「内部結束型の社会関係資本」）がしっかりしている一方で、自分と違う外国人とのつながり（「橋渡し型の社会関係資本」）が弱いと仮定しているのだ。

接触仮説と紛争理論が、同じ仮定を共有していることは不思議ではない。紛争理論は、接触仮説を拡張したものと見なされているからだ。実は、接触が先入観をなくすのは、お互いが対等な立場で、親密な関係が繰り返されるような状況だけだとされている。しかし、そうした状況が民族間の関係に当てはまることは少なく、より現実的な状況を想定しているのが紛争理論なのである。

パットナムの研究の衝撃

こうした仮定に疑問を持ったハーバード大学のパットナムは、アメリカにおける民族多様性を研究した。その結果（図表6-1）は、ショッキングな内容とも相まって、センセーションを巻き起こす。ヒスパニック、ヒスパニックではない白人、ヒスパニックではない黒人、アジア人という分類によって多様性を測った分析において、民族的に多様な地域に住む人ほ

図表6-1　民族多様性と信頼の関係

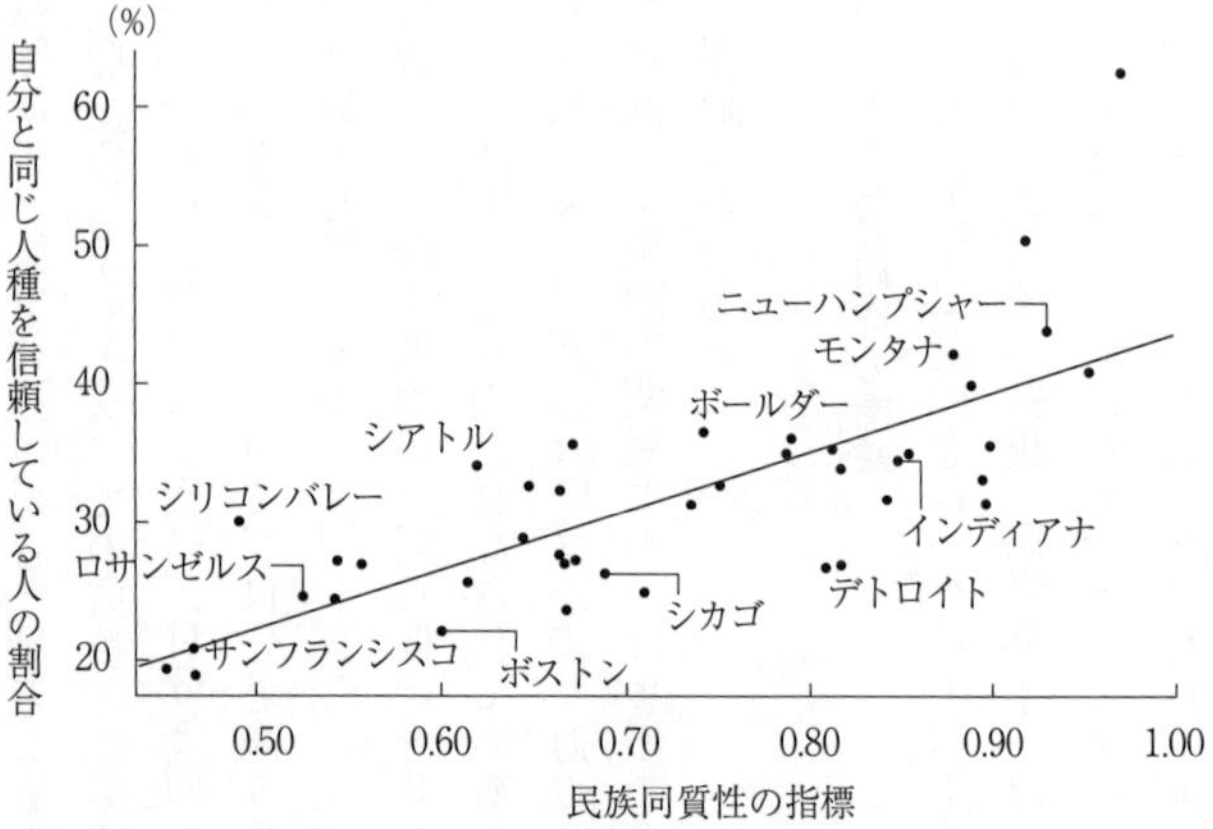

Putnam（2007）Figure 5より抜粋して作成。同質性が低い（多様性が増す）と指標の値が小さくなる。図から、民族が多様な地区ほど、人を信頼していないのが分かる

ど、人を信じない傾向があったのだ。つまり、多様性は、白人とそれ以外の人種（外集団）とのつながりだけでなく、白人同士（内集団）のつながりも損なう。[*1]これまでの多様性に関する議論の仮定（内部結束型の社会関係資本は充実している）をくつがえす内容だ。

残念な報告は、それだけではない。民族的に多様な地域の人ほど、地方政府やニュースメディアへの信頼も揺らぎ、世の中を変えられるという「政治的有効性感覚」が弱まっており、選挙にも行かない。その一方で、政治への関心や知識自体は高まり、抗議デモや社会変革団体には参加する。また、緊急事態のため水や電気を節約しようという地方公務員の呼

びかけにも、どうせ地域の人は協力的でないだろうと思い込み、地域のプロジェクトや寄付・ボランティアへの参加も少ない傾向にある。さらに、個人的なことを気軽に話せる親友や込み入ったことを相談するような信頼できる人が少なく、テレビを見て過ごす時間が多くなる。生活の質も低いと感じ、あまり幸福だと思っていない。

パットナムは、民族の多様性が、「社会的孤立」（社会に居場所を失うような状態）を引き起こす可能性を指摘する。民族的に多様な地域の住民ほど、近所の人を信頼せず、寄付やボランティアで助け合わないばかりか、地域に貢献しないで集団生活から距離を置く一方で、頼るべき友人も少ないからだ。また、こうした生活に満足できず、声高に社会変革を叫びつつも、実際には世の中は変わらないと思っているのだ。

パットナム以外の研究でも、民族の多様性は社会関係資本（信頼感やボランティアなど）を損なうという結果が、いくつも示されている。こうした研究成果は、ともすると差別を肯定する主張に利用されたりする。しかし、それは必ずしも研究者の意図するところではない。

パットナム自身も、民族の多様性が社会関係資本を減らす傾向にあるのは、短期的な議論だとする。ベトナム戦争で違う人種の兵士が殺害しあう経験を経て、現在の米軍が比較的人種偏見のない組織へ変わったことを例に挙げながら、長期的には、アイデンティティーが再構築され、社会の結束が増すという希望的観測をしている（データ分析ではなく、史実に基づく推論である)。彼の言葉を借りれば、「彼ら」(外集団)を「私たち」(内集団)のように変えるのではなく、より包容力のある新しい意味での「私たち」という意識が生まれるのではないかというのだ。

パットナムへの反論

パットナムの分析による結論(民族が多様な地域に住む人は、すべての人種において、近所の人に対する信頼が低く、利他性や地域連帯がまれになり、友人が少なくなる)には反駁《はんばく》もある。たとえば、ヨーロッパの国を対象とした分析では、いくつもの研究が、多様性は信頼と無関係だとする。

また、技術的にも問題がある。彼の分析は、2000年時点でアメリカの異なる地域に住む人たちが対象だ(クロスセクション分析)。通常、クロスセクション分析(たった1年のデータ)では、因果関係まではいえない。つまり、多様性と信頼には関連が認められても、多様性が信頼を損ねているとまではいえないのだ。

さらに、メディアを騒がせた批判もある。プリンストン大学のアバスカルとニューヨーク大学のバルダサーリは、パットナムと同じアメリカのデータを使って再分析を行い、違う結論を導いている。*2 民族・人種的グループごとに分けて分析すると、低い信頼と関係があるのは、人種的なマイノリティー（外集団）にまじって暮らす白人だけだった。すべての人種に見られる関係ではなかったのだ。

アバスカルとバルダサーリは、多様性が信頼と関連あるように見えるのは、居住の住み分けによる産物にすぎないとする。いろいろな民族がいる（民族的に非同質的な）地域では、非白人の占める割合が大きくなり、非白人は低い信頼を報告する傾向があるからだ。黒人やヒスパニックは、白人よりも、他人への信頼が薄いことが分かっている。

多様性と低い信頼の関係は、むしろ、不平等の指標（①人種・民族、②経済状態、③定住性という三つの違い）によってうまく説明できると主張する。同質的な地域と比べると、非同質的な地域は、一般的に、非白人が多いだけでなく、貧しくて、人の出入りが激しいことが知られている。人種・民族、金銭的な余裕に加え、地域に根差しているかなどによって、信頼度が違ってくることの方が、重要な要因だという。

民族多様性は信頼を低下させない

興味がある読者のために、彼らの分析を少し詳しく見てみよう。アバスカルとバルダサーリは、これまでの研究における技術的な問題点を指摘している。それは、研究でよく使用される民族多様性（非同質性）の指標（たとえば、シンプソンの多様性指標やＨＨＩなど）についての批判だ。

まず、既存の民族多様性指標は、どのように民族が構成されているかを区別できない。白人にとって、非同質的とは、近所に非白人が多くいることだ。一方、非白人にとって、非同質的とは、近所に白人が多くいることだ。しかし、白人が80％と黒人が20％住んでいる地域と白人が20％と黒人が80％住んでいる地域では、性質がかなり異なるにもかかわらず、どちらも民族多様性の程度が同じとして取り扱われる。

また、民族多様性の指標では、内集団と外集団への接触をうまく把握できない。簡単な数値例を使って考えるために、民族多様性の指標が、その中央値より上の場合を非同質的地域、下の場合を同質的地域としよう。アメリカにおける平均的な同質地域では、白人が84％を占め、黒人は7％の割合だが、平均的な非同質地域では、白人の占める割合は54％で、黒人は17％だ。すると、非同質地域に住む白人は、白人（内集団）と接触する確率が低くなるが、非同質地域に住む黒人は、黒人（内集団）と接触する確率が高くなる。同じ内集団への接触といっても、白人か黒人かによって、内集団との接触確率が変わるのだ。

このため、①多様性のある地域に住むことの効果を、内集団や外集団への効果と区別することから始めて、②民族・人種的グループごとに分けて、信頼に関する分析をしている。これらの分析では、経済状況（所得や雇用など）や定住性（持ち家の有無など）の要因がコントロールされている。

その結果、①民族・人種的な構成を考慮して、それぞれの地域における白人の割合の影響などを調整して分析したところ、民族多様性の指標は信頼との関係がなかった。

また、②異なる民族・人種によって、信頼に違いが見られた。白人の場合には、その地域にいる白人の割合が高いと、近所の人や白人（内集団）を信頼するだけでなく、非白人（外集団）への信頼も高くなっていた。一方、ヒスパニックやアジア人の場合には、自分と同じ民族・人種の割合は、近所の人や内・外集団いずれへの信頼とも関係がない。黒人の場合には、黒人の割合は、内集団への信頼とは関係があったが、近所の人や外集団への信頼とは関係が見られなかった。純粋に人種による違いがある。偏見も含めて、違った文化・考えを持っている可能性がある。

さらに、黒人やヒスパニックが多い地域に住む白人ほど、白人への信頼が低くなっていた。特に、黒人が地域に住む割合は、ヒスパニックの割合よりも、白人への信頼の低下に大きな影響を与えていた。ただし、アジア人の割合は無関係だった。

したがって、多様性がすべての人の信頼感を低下させるという主張は、誤解を与えるとする。国家を多様化させている非白人や移民が、社会関係資本を損なうという非難は、適切ではない。

社会関係資本は好ましいか

民族・人種以外で興味深い点は、すべての民族・人種に共通して、教育や自己申告による経済的満足度（あなたは現在の懐具合に満足しているか）が高い人ほど、信頼が高まることだ。これは、社会関係資本を表すために研究で一般的に使われているすべての信頼の区分（一般的な人への信頼、近所の人への信頼、内集団への信頼、外集団への信頼）に当てはまる（ただし、アジア人の場合には、教育は三つの信頼の区分〔一般的な人への信頼、近所の人への信頼、内集団への信頼〕、経済的満足度は内集団への信頼にだけ当てはまる）。

アバスカルとバルダサーリは、十分な根拠もなく信頼性の低下は民族的多様性のせいだと主張する背景には、社会関係資本の概念が関係しているのではないかと指摘する。そして、「相互関係が信頼や利他性の規範を生み、集団にとって好ましい結果をもたらす」という見方に疑問を呈している。規範とは、行動や判断を行うときに従うべき基準であり、共通認識だ。利他性とは、自分を犠牲にしても他人を助けることである。

このように社会関係資本をとらえると、みんなが同じであることによって、団結や連帯が生まれると考えるように仕向けられる。このため、多様性は悪い結果（信頼の低下や利己主義）をもたらすとされてしまうのだ。彼らは、社会関係資本が集団に好ましい結果をもたらすと、安直に想定すべきでないとする。

こうした分析結果は、政策的にはどのような意味を持つだろうか。もし、パットナムの分析のように多様性が問題であれば、すべての人が同じ文化や規範を共有するような政策（同化）が求められるだろう。一方、もし、アバスカルらの分析が示唆するように（多様性を認めつつも）白人の非白人に対する偏見や黒人やヒスパニックの信頼の低さが問題なのであれば、その原因を追究して、民族・人種ごとに違う政策介入を考える必要が出てくる。いずれにしても、微妙な問題だ。

住みよい社会のために

では、今後、外国人が増えると、日本社会にはどんな変化があるだろう。民族の多様性が、社会的な孤立を引き起こすかどうかは不明だ。ヨーロッパやアメリカを対象とした研究を見ても、多様性と信頼感は無関係という結果も多いからだ。

ただ、外国人の多い低所得地域に住む日本人が、社会に居場所を失う可能性はある。政府や地域への信頼をなくし、選挙やボランティアに参加しなくなる一方で、抗議デモには積極的に出かける人が増えるかもしれないのだ。そうした人は、信頼できる人も少なく、テレビやネットを見てだらだら過ごし、生活の質が低く、幸せに感じない。

こうした多様性と低い信頼の関係は、経済的不平等に起因するところも大きいとされる。教育や経済的満足度が高い人ほど、信頼感が高まるからだ。このため、信頼を醸成するという意味では、高等教育の推進や貧困の撲滅が有効な政策となるだろう。今のところ、この論点について経済学的にいえることは、ささやかなものでしかない。

私たちは、これまでの歴史的経験から、住みよい社会の構築には、たゆまぬ努力が必要なことを知っている。先入観をなくすことができるのは、お互いが対等な立場で、親密な接触が繰り返される場合に限る。こうした積み重ねで、やがて、私たちのアイデンティティーが再構築される日が来るかもしれない。一人一人が違うことを尊重しながら、お互いを信頼し、助け合えるような社会が来ればよいと思っている。

本節では、移民による民族多様性が社会的孤立を加速するかという、内面（心）の変化を考えた。次節では、犯罪という外面（行動）の変化を見ていく。

2　犯罪が増加するのか

先行する不安

移民に反対する理由の一つとして、犯罪増加の可能性が危惧されている。実際、外国人による残虐な事件の報道を目にすると、移民は社会秩序を不安定化させるのではないかと不安になる人もいるだろう。しかし、メディアや映画などによるイメージが先行しているだけで、こうした不安は懸念にすぎないようだ。

最近の研究によると、移民によって、凶悪犯罪が増加するとは示されていない。ただ、犯罪や移民の種類によって、いくらかの違いはあるようだ。

たとえば、オックスフォード大学のベルらは、移民によって凶悪犯罪は増えず、窃盗犯罪の増減については特定の傾向はないとする。また、移民が犯罪を増やすというよりは、移民の恵まれない就業機会が犯罪を生むのではないかとする。[*3]

これは、イギリスにおける最近の二つの大きな移民流入の波（１９９０年代後半から２０００年代前半の難民申請者〔第一波〕とＥＵに加盟した国からの２００４年以降の移民〔第二波〕）を分析した研究結果だ。厳密にいうと、難民と移民は違うのだが、この研究では、難民も移民として扱われている。本節の記述は、彼らの論文での呼称に従おう。

イギリス移民の第一波と第二波の違い

イギリスにおける移民の数は、１９９７年以降急速に増えた。81年に３２０万人だった外国生まれの移民の数は、97年には４１０万人となったが、２００９年には６９０万人にまで増えている。過去30年の移民数増加のうち、4分の3が1997年以降に起きたことが分かる。

その第一波は、イラクやアフガニスタン、ソマリアでの戦争などによる1990年代後半から2000年代前半にかけての難民申請者の増加だ。この期間におけるイギリスへの難民申請者数は、世界で2番目に多くなっている。

第二波が起こったのは、2004年に八つの国がEUに加盟し、その市民にイギリスの労働市場が開放されてからだ。ポーランド共和国、ハンガリー、チェコ共和国、スロバキア共和国、スロベニア共和国、ラトビア共和国、エストニア共和国からの移民が増えた。

これら移民の特徴を見てみると、市民よりも、若くて、教育水準が低く、男性が多い傾向にある。また、2004年以降、八つの国から来た移民は、市民や他の国からの移民、難民に比べると、独身で子供がいない。市民よりも高い雇用率となっている。一方、第一波の人たちは、市民よりも失業率が高くなっている。

ベルらは、2002年から09年までのデータを使い、大人の人口に占める移民の割合の変化と、人口当たりの犯罪数の変化との関係を分析している（図表6-2）。

彼らの分析によると、第一波の移民の増加により、窃盗犯罪（住居侵入による窃盗や自動車盗難など）は少し増えたが、2004年以降の移民流入（第二波）は、逆に窃盗犯罪を減ら

図表６-２　イングランドとウェールズにおける移民数と犯罪傾向の関係

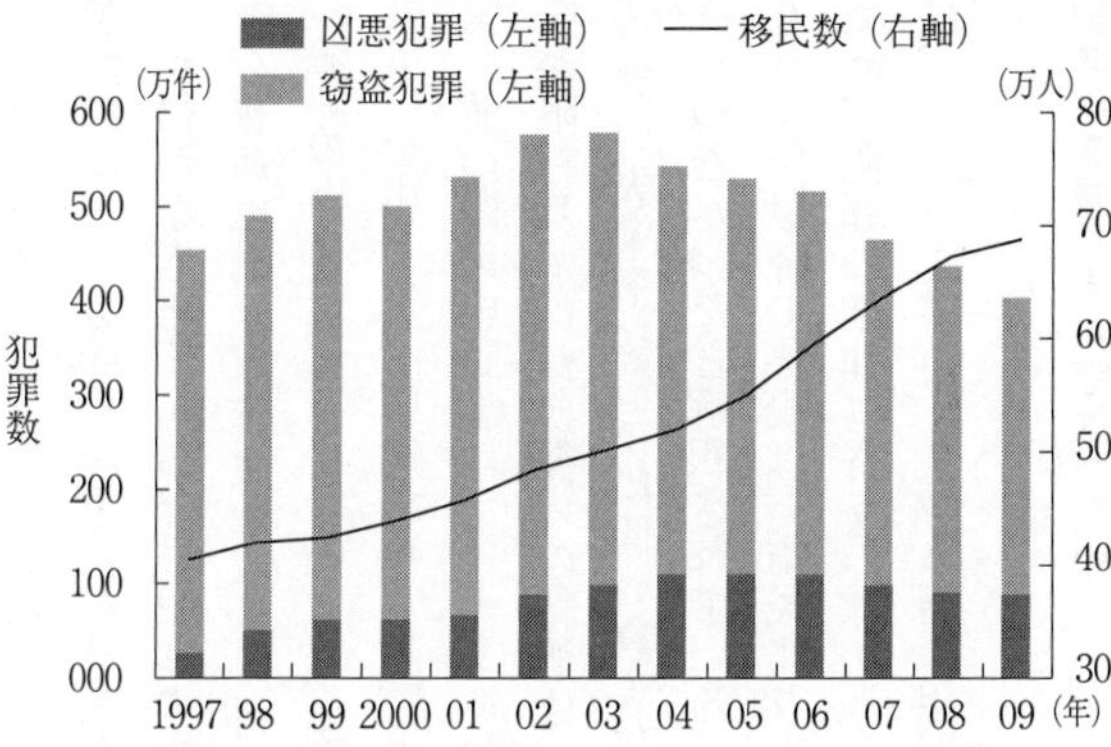

Bell, Fasani, and Machin (2013) Figure 1 より抜粋して作成。1997 年から 2009 年のイングランドとウェールズでは、移民数が増えても、犯罪が増えていないことが分かる

していた（ただし、犯罪減少の効果はわずかだ）。いずれの移民流入も凶悪犯罪（殺人、強盗、暴行、レイプなど）とは関係なかった。

影響の程度を見てみると、第一波の移民は、窃盗犯罪を０・11％増加させたと推計される。これは、約２・７％の窃盗犯罪率のうち、４％に相当する犯罪率であり、増加自体はさほど大きいものではない。一方、第二波の移民は、窃盗犯罪を０・23％低下させたと推計されている。これは、窃盗犯罪率のうち、８％に相当する犯罪率で、こちらも大きな影響とはいえない。

では、どうして二つの移民グループで、犯罪率への影響に差が出たのだろう。それぞれのグループの特徴を見てみると、就業機会の差が原因ではないかと考えられる。

ノーベル経済学賞を受賞したベッカーや、その後エーリッヒによって発展した「犯罪の経済学」では、就労機会が重要な役割を果たす。普通に働いた場合と罪を犯す場合を比べ、どちらが得かを考えるからだ。犯罪の場合、うまくいけば収入があるが、捕まる危険もある。一方、普通に働けば確実な収入が得られる(正確には、「働いたときの賃金から得られる効用」と「犯罪のときの期待効用、つまり、成功する確立と捕まる確率を勘案した報酬や罰則から得られる効用」を比べる)。このため、高い賃金の仕事があるほど、犯罪に手を染めにくくなる。

第一波の難民申請者は、イギリス生まれの市民や2004年以降の移民に比べると、就労機会が限られていた。彼らの特徴は、低い労働力比率(生産年齢人口に対する労働力人口の比率)、高い失業率ならびに低い賃金だ。このため、犯罪からの期待収益が高くなり、高い犯罪率につながったと解釈されている。まじめに働くより、犯罪の方が割に合うわけだ。一方、2004年以降の移民は、市民よりも高い雇用率を示すなど、経済的基盤がしっかりしていたため、犯罪の増加に寄与しなかったと考えられる。いずれにしても、移民と窃盗犯罪の関係は、ベッカー＝エーリッヒ型の犯罪モデルによってうまく説明できる。

犯罪率を減らす可能性が高い

みなさんのなかには、イギリスの研究だけで、移民が犯罪とは無関係であると判断するのは性急だと思われる方もいるだろう。一口に移民といっても、ＥＵ圏内からイギリスに来た移民とアメリカにおけるヒスパニック系移民では、その性質が異なる。実際、財政貢献に関する研究では、イギリスの移民とアメリカの移民では、その影響が違っていた。

しかし、犯罪に関する限り、大方の研究は、イギリスの研究と同様な見解を支持している。１９９４年から２０１４年までに出版された51の研究を分析したウイリアム・メリー大学のオーズィーとカリフォルニア大学アーバイン校のキュブリンは、論文によっていろいろな結果があるものの、全体として見ると移民と犯罪の関係性は弱いとする。[*4]

アメリカにおける移民と犯罪率について考察した51の研究のうち、62％についてはその関係が認められないという結果だった。また、関係が認められる場合にも、ほとんどの研究において、移民は低い犯罪率と関係していた。

さらに、すべての研究結果を合わせて統計的に検証したところ（メタ分析という）、移民が多く住む場所ほど、犯罪率が低くなっていた。この結果は、移民の種類（人種の違いや最近の移民か昔からいる移民かの違い）によっても変わらない。また、技術的なことだが、クロスセクション分析（ある年度におけるいろいろな地域のデータを分析）では、犯罪率と関係が認められない一方で、パネルデータ分析（何年にもわたるいろいろな地域のデータを分析）では、低い犯罪率と関係していた。

オーズィーとキュブリンの分析対象には、社会学系の論文が多く見られる。

社会学では、地域に住む移民が増えると犯罪率が増えるかもしれない理由として、次のような理屈を挙げている。①10代などの若者は犯罪を起こしやすいが、移民により10代や若者の割合が増えること。②移民によって、地域が多様になるだけでなく、人の出入りが激しくなる。このため、社会的な結束が揺らぎ、共通の価値観が持ちづらくなること（「社会解体説」と呼ばれる）。③移民が来ることで、地域における職探しの競争が激しくなり、民族間のいざこざが増えること、である。

一方、移民が犯罪率を減らすという考え方もあり、その理由として、地域コミュニティーを活性化することが指摘されている。新たなビジネスを展開して仕事を生むだけでなく、地域に住む人が増えて空き家率が下がるからだ。

彼らの分析では、若干ではあるが、後者の考え方に軍配が上がりそうだ。いずれにしても、これまでの研究では、移民が増えると犯罪が増えるという確固たる証拠は示されていないのだ。

日本における外国人の犯罪率

では、外国人が増加すると、日本における犯罪は増えるのだろうか。実は、外国人の凶悪犯罪率は、日本人よりも高くなっている。2018年の統計を使って計算すると、日本人による人口当たりの犯罪率が、0・009%であるのに対し、外国人のそれは0・026%だ。日本人1000人のうち、9人が罪を犯すのに対し、日本にいる外国人1000人のうち、26人が罪を犯す計算になる。

これらの数値は、前述の研究と同じような犯罪である重要犯罪（殺人、強盗、放火、強制性交など）数（警察庁の「犯罪統計」より入手）を、15歳以上の人口（総務省統計局の「人口推計」より入手）で割り算した結果だ。総人口から日本人人口をひいた数を外国人人口とする。

一方、重要窃盗犯（侵入盗、自動車盗、ひったくりやすり）では、違う結果となる。日本人による人口当たりの犯罪率が0・07%であるのに対し、外国人のそれは0・01%だ。外国人の犯罪率の方が低いのだ（15歳以上の人口ではなく、総人口で計算しても、重要犯罪・重要窃盗犯の両方で、この傾向は変わらない）。

しかし、こうした数値から、外国人は罪を犯しやすいと結論するのは早計だ。日本人と外国人では、環境が違うからだ。年齢や性別だけでなく、学歴や年収が同じような日本人と外国人を比べたら、犯罪率に差がないということも十分にありえる。

今のところ、外国人によって犯罪が増えるという確固たる証拠はない。海外の研究では、移民によって凶悪犯罪は増えず、移民が多く住むところほど、犯罪率が低くなっている。いずれにしても、いたずらに不安をあおるのは、対立感情を生んで、外国人との共存を阻害する危険がある。かえって逆効果（犯罪を生む原因となる）かもしれない。一方で、移民の恵まれない就業機会が犯罪を生むという示唆は、受け入れ国にかかわらず、普遍的に当てはまりそうだ。

アメとムチ、どちらの制度が有効か

多くの研究によると、移民が増えたからといって、犯罪が増えるわけではないことが分かった。そうはいっても、外国人を受け入れる以上、市民よりももっと襟を正した行動が期待されるかもしれない。同じくらいではダメなのだ。そこで、本項では、どうしたら移民の犯罪が減るかという視点から、制度について見てみよう。

犯罪を抑止するための制度についての研究は、二つに大別される。一つは、移民に法的地位を与えれば、犯罪行為が減るというものである。もう一つは、犯罪を行った移民を国外に追放すれば、犯罪が減るというものである。この両者はアメとムチという正反対の方法だ。それぞれの制度の成果について、これまでの研究から分かっていることを見ていこう。

移民制度の主な目的には、受け入れ国には望ましくない移民を排除し、一緒に住む移民に、住民としてふさわしい行動をとってもらうことがある。そのための一手段として、罪を犯して逮捕された移民を拘留《こうりゅう》したり、国外追放したりすることがある（ムチ）。

こうした手段によって、地域が安全になるかを検証したアメリカの研究がある。地域警察によって逮捕された移民が、移民法に違反していないかを連邦政府が検査する「安全な地域」という制度の効果を分析したものだ。[*5]

「安全な地域」では、国土安全保障省で指紋照合が行われ、国外追放の可能性がある非市民については、その執行機関である移民税関捜査・取締局が地域警察に連絡し、警察の拘留が解かれ次第、その身柄を収監する。その結果、こうした非市民は多くの場合、国外追放になる。今までは地域警察から釈放されていた移民が、この制度ができたことにより、連邦政府に拘留され、国外追放になる確率が増えたのだ。

シカゴ大学のマイルズとニューヨーク大学のコックスは、２００４年から12年までのアメリカにおける２９８５郡のデータを使って分析をした結果、「安全な地域」という制度によっては、犯罪率が意味のあるほど低下していないとする。犯罪率とは10万人当たりの犯罪数だ。犯罪の種別に見ると、凶悪犯罪（殺人、レイプ、強盗、加重暴行）が起こる確率も下がっていない。ただ、窃盗犯罪（建物侵入窃盗や自動車盗難）の犯罪率は、多少低下している。要約すると、この制度では、地域を安全にするという目的を十分に果たせていないことになる。

一方、非合法な移民に法的な地位を与える制度（アメ）については、いくつかの研究が犯罪率を下げる効果を認めている。たとえば、ノースウエスタン大学のベイカーは、約３００万人の非合法な移民を合法化した１９８６年の移民法改正・管理法は、アメリカの犯罪率を３％から５％下げたとする。[*6] こうした犯罪率の低下は、主に窃盗犯罪の低下による。また犯罪減少の大部分は、きちんと働ける機会が増えたためだと説明している。地位が保証されたため、合法的に働けるだけでなく、不当な低賃金に甘んじて働く必要がなくなったからだ。

こうして見ると、外国人の増加に伴う治安対策としては、国外追放のような強硬姿勢で抑止効果を狙うより、合法的に就業機会を与え、共存の道を探る方が賢明なようだ。本質的には労働を期待しながら、建前上は非労働者（留学生など）として入国してもらい、失踪《しっそう》して非合法な労働に従事した人たちを捕まえて国外に退去させるよりも、初めから労働者として入国してもらう方が、治安上はよい効果が見込める可能性がある。

本節では、目に見える犯罪の発生への影響を見てきた。次節では、移民が伝染病の蔓延を引き起こすかどうかを検討する。発病すれば可視化できるが、伝染病の拡散過程は目に見えない。1節と2節の中間的な話題である。

3　伝染病が持ち込まれるのか

伝染病持ち込みのリスクは低い

発展途上国から移民を受け入れると、伝染病を持ち込むという危惧が指摘されている。先進国ではその数が減っているような病気でも、発展途上国ではまだまだ一般的であったりするからだ。しかし、世界保健機関（ＷＨＯ）は、移民と伝染病の間には系統的な関連がないとする。伝染病に関連する主な要因は貧困であるという見解だ（ＷＨＯウェブサイト、「Migration and health: key issues」）。また、移民や難民よりむしろ、旅行者や観光客によって伝染病が持ち込まれることが、これまでの経験から分かっている。

ＷＨＯのウェブサイトでは、いくつかの伝染病について触れている。たとえば、結核は容易にうつるものでなく、感染しても発病するのはわずかの割合（ＨＩＶ陽性の人が年10％のリスクに対して、結核の人は生涯で10％のリスク）だと書かれている。そして、移民と在住者の間には限られた接触しかないため、移民から在住者に結核がうつることはあまりないとされている。

ＨＩＶ（ヒト免疫不全ウィルス）についても同様だ。ヨーロッパ諸国（欧州連合や欧州経済領域）における新規ＨＩＶ事例の35％は移民だが、ＨＩＶを持ち込んだというよりも、入国後にＨＩＶになった移民もいるとされている。また、中東や北アフリカ出身の人は、ＨＩＶ感染症の有病率が低く、こうした国からの移民がＨＩＶを持ち込むリスクは低いと考えられている。

移民や難民は、インフルエンザや呼吸器感染症の感染拡大を助長しないともしている。こうした例として、インフルエンザウイルス、RSウイルス（風邪に似た症状が現れる）、アデノウイルス（発熱、咽頭炎《いんとう》や扁桃炎《へんとう》、眼の充血、結膜炎、胃腸炎などいろいろな症状が現れる）、パラインフルエンザウイルスが挙げられている。

ただ、難民が大量に流入することで、マラリアのような病原媒介生物による疾患の再発や局地的な発生リスクが増える可能性はある。たとえば、近年ギリシアでマラリアが復活したことは、パキスタンからの移民流入との関連が指摘されている。

WHOと同じような見解は、学術論文でも示されている。二十数名の学者が連名で発表した、移民と健康についての委員会のために書かれた論文では、移民によって、受け入れ国の在住者に病気が伝染するリスクは一般的に低いとする。[*7] 結核の研究を引用しながら、結核がうつるリスクは、移民の家族やコミュニティーでは高くなるものの、受け入れ国の人口で見ると増えないとする。

ただし、この論文は、移民の健康にもっと配慮すべきという内容となっており、国際機関と同じ立ち位置で書かれている。実際、国連が掲げている目標であるSDGs（持続可能な開発目標）の達成という文言も見受けられる。移民寄りの提言となっているのだ。たとえば、移民は、一般的に、受け入れ国への費用負担よりもその国の富に寄与すると書かれているが、少し勇み足のきらいがある。第4章4「税・社会保障の負担が増えるのか」で紹介したように、経済学研究では、はっきりとした結論が出ていないからだ。

経済学との関係性

ちなみに、この結核の研究は、ユニバーシティ・カレッジ・ロンドンのアルドリッジらによる分析だ。[*8] 結核の発生率の高い15カ国において、2006年から12年までにイギリスへのビザを申請した者に対して結核の検査を行い、陰性だった入国者が、入国後に結核を発症したかどうかを追跡した研究だ。11歳以上で、6カ月を超えてイギリスに住む人が分析対象となっている。分析の結果、入国前にきちんと検査を行っている移民の場合には、受け入れ国の在住者に病気をうつすリスクはほとんどないとする。

伝染病の研究は、経済学と関係ないのではと思われるかもしれない。たしかに本節で紹介した研究は経済学の研究ではないが、両者がまったく関係ないかというと、そうでもない。それは、病気の感染過程の分析と関係している。伝染病は、空気感染を含めて、人との接触によって広がっていく。このとき、接触した人が必ずしも感染するわけではない。感染する人もいれば、そうでない人もいる。

病気の伝染を分析するモデルは、製品が広まる過程を分析するときに使われることがある。ある製品を使った人が、その感想を周囲の人に伝える。それを聞いた人のなかには、同じ製品を買う人もいれば、買わない人もいるだろう。新たに製品を購入した人は、さらに自分の周囲にその製品の感想を伝える。こうしてその製品が広まっていくと考えるのだ。

この例では、製品の評判が、伝染病のウィルスに相当している。経済学と疫学のように学問分野は違っても、拡散現象に対して同じような接近法を使っていることが分かる。

日本に求められる検疫体制

話が少しそれたが、疫学の研究を見る限り、移民が日本へ伝染病を持ち込む可能性はあまり高くない。入国前にきちんと検査を行い、予防接種の済んだ外国人を日本へ受け入れればよいからだ。心配なのは、むしろ通常の旅行者や観光客で、移民の親族が一時的に日本を訪れる場合も含まれる。

たとえば、ここ数年ニュースになっている風疹《ふうしん》だが、国立感染症研究所によると、2011年頃から海外で感染して日本に持ち込まれるケースが報告されている。妊娠20週頃までの妊婦が風疹になると、胎児が風疹ウィルスに感染し、赤ちゃんに心疾患や難聴などの障害が生じる可能性がある。

また、2019年、エボラ出血熱などの危険なウイルスが日本に輸入され、東京都武蔵村山市にある国立感染症研究所の施設で保管されることになった。2020年の東京オリンピック・パラリンピックの観戦のため、海外から多くの観光客の入国が予想されており、彼らが持ち込む感染症への対策を強化するためだといわれている。今回輸入される5種類のウイルスは、感染症を引き起こすもっとも危険なウイルスに分類されており、不安に思う近隣住民からは反対の声が出ている。

海外との人の行き来が増えると、それだけ病気が持ち込まれる危険が増える。ただ、必要以上に移民を恐れる必要はないようだ。そもそも伝染病の発生率が低い国から来る移民は病気を持ち込む可能性が低いし、入国前の検査体制がしっかりしていれば、伝染病を輸入する危険はかなり減る。一方で、日本に長期滞在する旅行者や観光客に対する検疫体制を整えていくことが、今後ますます重要になるだろう。

本節では、移民が伝染病を拡散するかの検討から始まり、その予防策にまで話を広げて考察した。次節では、これまでの議論を踏まえて、どのような人が移民に肯定的または否定的であるかを見ながら、移民受け入れの未来について展望する。

4　誰が移民に賛成・反対するのか

技能水準と賛否の関係

どんな人が移民に賛成したり反対したりするのだろう。移動の自由など市民的権利や文化への影響の観点から意見が分かれるかもしれない。こうした非経済的な要因以外にも、経済的な影響、特に、移民が賃金に与える影響も重要な判断材料となるだろう。個人の厚生は賃金の影響を受ける。賃金が下がると、生活水準も低下するからだ。

賃金は個人の技能水準に依拠するため、どのような移民政策を支持するかは、技能水準で変わる可能性がある。労働経済学の実証研究では、学歴や職業で技能を測るのが通例だ。そこで、イェール大学のシェーブとダートマス大学のスローターは、労働者の技能水準に焦点を当てながら、アメリカ人がどんな移民政策に賛同しているかを研究した。[*9]

移民政策に対する態度は、1990年代に行われたアンケート調査を使用している。アメリカへの入国を許可する移民数を増やしてもよいかどうかを質問する。回答者は、「微増、大幅増、大幅減、微減、現在と同水準なら許可」のいずれかから選択する。また、技能は、職業別の平均賃金と就学年数で測った学歴を使っている。

彼らの分析によると、低技能労働者は、アメリカへの移民制限に賛同する傾向がある。裏返していえば、高技能労働者は、移民に寛容な結果となっている。移民に対する意見は、自分の賃金への影響に左右される可能性を示唆している。移民と雇用が競合して自分の賃金が下がる恐れのある人は、移民に反対する。そうでなければ、反対しないということだ。

また、平均的な技能の人が、サンプル内の最高水準の技能に変わったときに、移民政策への意見がどう変わるかについてもシミュレーションしている。その結果、技能が高くなると、移民制限を支持する確率が低くなっていた。

学歴や職業は労働者としての技能を正確に反映していないと思われる方もいるだろう。学歴が高いほど寛容だったり、市民として意識が高かったりするかもしれないからだ。

こうした懸念を検証するため、働いている人とそうでない人に分けて、データを解析している。もし、学歴や職業が労働市場以外の要素を測っているのであれば、どちらの分析でも同じ結果になるはずだ。

しかし、分析の結果、働いていない人の場合には、学歴や職業が移民政策への意見に影響しなかったり、働いている人よりもその影響が小さくなったりしていた。つまり、学歴や職業は、労働市場における個人的特性をとらえていることになる。学歴や職業は、労働者としての技能を、ある程度正確に反映しているのだ。

さらに、移民が多くいる地域の低技能労働者は、移民があまりいない地域の低技能労働者より、移民制限を強く支持するかどうかも検証している。その結果、移民が多い地域の低技能労働者ほど、強く移民に反対しているとはいえないことも分かった。第1章で、移民が多い地域だからといって、賃金の大幅な低下が見られるわけではなかったことを考えれば、納得のいく結果だ。

まとめると、どのような移民政策を支持するかは、労働者としての技能水準で変わることが分かる。移民によって賃金がどうなるかを予想して、損する人は移民に反対し、得する（損しない）人は寛容な態度をとるのだ。

先進国の傾向、発展途上国の傾向

似たような結果は、アメリカだけでなく、世界の国々で見られる（図表6-3）。ジョージタウン大学のメイーダは、いろいろな国において、どんな人が移民に賛成したり反対したりするのかを研究している。[*10] 1995年に22カ国（大部分が先進国。日本、アメリカ、カナダ、ヨーロッパ諸国とフィリピン）で行われたアンケートと、1995年から97年に44カ国（大部分が発展途上国）で行われたアンケートに基づいた分析だ（専門的には、クロスカントリー分析といわれる）。サンプルの性質上、前者のデータを使用した分析では、主に先進国の人の意見、後者のデータを使用した分析では、途上国の人の意見が強く反映される結果になる。

前述のシェーブとスローターの研究では、経済的要因の重要性が強調されていたが、メイーダは、経済的要因と非経済的要因の両方が重要としているのが特徴である。移民政策に対する態度の決定には、労働市場での競争だけでなく、安全面や文化面も同じように大事だとする。

移民に対する態度は、それぞれ次のような質問で測っている。22ヵ国におけるアンケートでは、日本を例にとると、「日本に定住する移民をめぐってはいろいろな意見があるが、最近の日本への移民数をどうすべきか、「大幅減、小幅減、現状維持、小幅増、大幅増」のいずれかから選択してください」という質問だ。44カ国におけるアンケートでは、外国から働きに来る人に対して、政府がすべきことを、「入国を希望する人をすべて受け入れる、仕事がある限り入国させる、入国者数に制限を設定する、入国を禁止する、分からない」のいずれかから選

図表６-３　移民に賛成・反対する人の特徴（世界）

賛成	反対
高技能労働者	低技能労働者
市民が移民よりも技能的である国では、技能労働者である市民	移民が市民よりも技能的である国では、技能労働者である市民
1人当たりGDPが高い国で、高学歴	1人当たりGDPが低い国で、高学歴
市民に対して移民の割合が低い職業	市民に対して移民の割合が高い職業
多文化共同体が好ましいとする人	文化的に同質な社会が好ましいとする人

ただし、民族的に多数派である人や移民が多い地域の低技能労働者ほど、強く移民に反対しているわけではない。筆者作成

択させる。

労働者の技能は学歴に基づいて分類し、低技能労働者に対する技能労働者の割合は、高校未修了者（低技能労働者）に対する高校卒業以上（技能労働者）の比率とする。

分析の結果、市民が移民よりも技能的である国では、技能労働者である市民は移民に賛同する傾向にある。移民が増えると、技能労働者に対して相対的に低技能労働者が増える。このため、相対的に希少になった技能労働者の賃金が上昇するからだ。技能労働者には有利になる。一方、同じ理由で、移民が市民よりも技能的である国では、技能労働者である市民は移民に賛同しない傾向がある。たとえば、途上国にある外資系企業に、先進国で採用されたスタッフが多く来ると、相対的に豊富になった技能労働者の賃金は低下する。高学歴である現地の途上国スタッフにとっては、競争相手は少ないほどよい。

また、労働者の技能的構成を表す間接的な指標として、1人当たりGDPを使った分析もしている。1人当たりGDPが高いほど、相対的に技能労働者が多いと考えるのだ。実際、経済的に豊かな国は、市民よりも低い技能の移民を受け入れる傾向がある。

その結果、1人当たりGDPで見て経済的に豊かな国ほど、高学歴な人が移民により賛同する傾向があった。1人当たりのGDPが4480ドル（1995年から97年までの平均為替レート1ドル108円で換算すると48万円）を超えると、学歴が高いほど、移民に賛同するようになる。一方、４４８０ドルを下回ると、学歴が高いほど、移民に賛同しなくなる。つまり、ドイツのような1人当たりＧＤＰが高い国では、学歴は移民への賛同と正の相関があり、フィリピンのような1人当たりＧＤＰが低い国では、負の相関があったのだ。

こうした結果は、犯罪率や文化への配慮などの非経済的要因を調整しても変わらない。移民によって、犯罪率や文化・国家の独自性がどのように変わると思うかにかかわらず、市民が移民よりも技能的である国では、技能労働者である市民は移民に賛同する傾向が当てはまるのだ。さらに、職業分類によって技能を測った分析では、市民に対して移民の割合が高いような職業では、移民に賛同しない傾向を示している。

犯罪率や文化・国家の独自性についても分析されている。移民は市民よりも犯罪を起こしやすいと思う市民もいるかもしれない。移民によって、国家独自の価値観や伝統が脅かされると考える市民もいるだろう。そこで、個人の好みから、非経済的要因と移民政策の関係を分析したのだ。

その結果、多文化共同体が好ましいとする人は、移民に賛同する傾向があり、文化的に同質な社会が好ましいとする人は、移民に賛同しない傾向があった。また、人種差別主義者は、移民に賛同しない傾向があった。この分析では、自分と違う人種の人はできれば近所に住んでほしくないと考える市民は、人種差別主義者として扱われている。

ただし、民族的に社会の多数派である人が、移民に対して特別な意見を持っているわけではなかった。「自分はマジョリティー（多数派）だから、マイノリティー（少数派）である移民に反対」というわけではなかったのだ。

日本人の態度

移民に対する日本人の態度はどうなのだろうか。実は、日本は世界の傾向と違っているとする研究がある（図表6-4）。ジョージア州立大学の政治学者リッチーによると、日本人は同化に対する考え方によって、移民への態度が変わる。[*11] 同化とは、移民が日本人のようにふるまうことだ。積極的に同化した方がよいとする日本人は、移民受け入れを支持するのだ。

海外で同化を推進する人たちは、通常、外国人嫌いと分類される。他国の文化を持ち込むのではなく、自国の文化に染まることを望むからだ。実際、前項で紹介した研究でも、文化的に同質な社会が望ましいとする人や人種差別的な人は、移民に反対している。しかし、日本では違う結果となっているのだ。

この分析では、新規に来日する移民への態度を分析対象とする。一時的に日本に来る外国人労働者や留学生、旅行者は対象ではない。また、いわゆる「在日」の人も含まない。2005年に行われたアンケートで、日本にいる移民の数は、「増えるべき、少し増えるべき、現状維持、少し減るべき、減るべき」かどうかを聞いて、移民への態度とした。

また、移民に対する信条は三つに分類される。「移民が日本社会の一員になるために、日本語の習得などを積極的に支援すべき」とする人は同化主義者、「日本社会の一員になるかどうかは個人の責任」だとする人は多文化主義者、「日本固有の文化や言語は日本人のものであり、外国人は日本人とは隔離されるべき」だとする人は人種隔離主義者とする。

すると、同化主義者は、多文化主義者や人種隔離主義者よりも、移民を支持する傾向にあった。その理由は定かではないが、日本独自の文化に起因すると推測されている。リッチーによると、外国人嫌いの日本人にとって、日本人のまねをする同化は、日本固有の文化を犯すものだとして我慢がならない。一方、日本の同化主義者は、その対極にある立場（日本人のまねをしてもよい）なので、外国人嫌いではないのではないかとする。また、移民が、ＩＴ技術・金融・建設・レストラン産業で、経済的に貢献していると思っている人や、自分とは違う道徳観の人に対しても寛容であるべきとする人は、移民を支持していた。

さらに、女性よりも男性、年齢が若い人、学歴が

図表6-4　移民に賛成・反対する人の特徴（日本）

賛成	反対
同化主義	多文化主義と人種隔離主義
移民は経済的に貢献	移民は経済的に非貢献
道徳的に寛容	道徳的に非寛容
高学歴	低学歴
男性	女性
若者	年配

筆者作成

高い人ほど、移民の受け入れに寛容だ。一方、保守主義かどうかやフルタイムでの雇用かどうかは、影響が見られなかった。

また、移民に対する信条によって、移民犯罪の認識も変わる。同化主義者は、多文化主義者や人種隔離主義者よりも、日本における移民の犯罪率に関して、より正確な見方をしていた。多文化主義者や人種隔離主義者の方が、移民は犯罪を起こしやすいと、事実を誤認する傾向にあった。

一方、移民による経済貢献への認識や道徳的な寛容さは、移民犯罪の認識についての誤解を減らす傾向がある。保守的でないことや、女性よりも男性、年齢が若い人、高学歴な人ほど、正確な認識を持つことも示されている。

このように、日本では、移民に対する信条によって移民への態度に与える影響が、世界的な傾向と違う。ただ、同じ結果もある。たとえば、1人当たりGDPが高い国では高学歴な人ほど移民に寛容だが、この傾向は日本でも見られる。教育には、自分と違うものに対しても寛容な態度を育《はぐく》む効果があることが分かる。

ここ数年、日本を含めいろいろな国で民族対立のニュースを目にすることが多くなった。勉強は現実社会では役に立たないと揶揄されたりするが、知識とは違った、目には見えない作用によって、社会の摩擦を緩和する効果が期待できよう。社会的摩擦には、経済停滞などの費用が伴う。教育機関の使命は、事実を正しく認識したうえで、民族の尊厳や多様な社会などの側面をうまくバランスがとれるように、自ら考える姿勢を育む手助けをすることではないかと思っている。

＊

第6章では、移民が社会や制度に与える影響を考察した。移民によってもたらされる民族の多様性が社会的孤立（社会に居場所を失う状態）を引き起こす可能性が指摘されているが、ヨーロッパの国を対象とした分析では、多様性と信頼は無関係だという結果も多い。むしろ、現代社会に見られる多様性と信頼感の喪失の関係は、経済的不平等に起因するところが大きいと考えられている。

また、移民が増えると犯罪が増えるという証拠はない。犯罪の種類別に見ると、窃盗犯罪の場合には、増える場合もあれば、減る場合もあるが、凶悪犯罪は増えないことが示されている。移民の恵まれない就業環境が犯罪を生む可能性が指摘されていることから、就業機会をきちんと確保すれば、移民による犯罪はより減少すると考えられる。一方、罪を犯した移民を国外追放にして犯罪に対する抑止力とする期待があるが、犯罪率は低下していない。むしろ、移民の地位を合法化した場合に犯罪率が減少するという結果が報告されている。

さらに、移民が伝染病を持ち込むとはいえない。特に、伝染病の発生率が低い国からの移民は、病気を持ち込む可能性が低い。また、入国前にきちんとした検査を行えば、伝染病を持ち込む危険はかなり減る。むしろ、旅行者や観光客が伝染病を持ち込む危険が指摘されている。今後、増加が見込まれる旅行者や観光客に対する検疫体制の強化が望まれる。

最後に、移民受け入れの態度に関しては、いくつかの傾向が見られる。高技能労働者は寛容、低技能労働者は受け入れに厳格だ。1人当たりGDPが高い国では高学歴の市民が移民に賛同し、1人当たりGDPが低い国では高学歴の市民が移民に反対する。市民に比べて移民の割合が高い職業では、移民に賛同しない。文化的に同質な社会が望ましいとする人や人種差別主義者は移民に賛同しない一方、多文化共同体が好ましいとする人は移民に賛同する。信条・思想だけでなく、損得勘定を反映した結果になっているのが分かる。移民を受け入れることで、自らの経済的立場が悪くなる人は、移民に反対しているのだ。

この結果自体は驚くべきことではないが、どのような人が損をすると肌で感じているかを浮き彫りにしたことは特筆に値する。環境によっては、高学歴だからといって、常に得するとは限らない。むしろ、どのような場合に、誰が得をして、誰が損をするのかの手がかりを示している。そして、移民と競合する人が移民の受け入れに反対するという単純な構図を明らかにしているのだ。

終章　どんな社会を望むのか

日本の急激な高齢化

私たちは、将来どのような社会に住みたいだろうか？　仕事に集中できて、経済が成長し続ける社会だろうか。それとも、時間に追われる生活をやめ、ワークライフバランスのとれた社会だろうか。そうした社会では、いろいろな考えを持つ多民族が共存しているのだろうか。それとも、現在の民族構成を維持した暮らしなのだろうか。

日本の人口は、2018年10月1日時点で、1億2644万人、そのうち65歳以上の人口は、3558万人で、高齢化率（総人口に占める割合）は28％である（内閣府「令和元年版高齢社会白書」)。17年4月に国立社会保障・人口問題研究所が公表した「日本の将来推計人口」によると、今後日本の人口は減少を続け、53年には1億人を割り、65年には8808万人になると推計されている。

65歳以上の人口も増加傾向が続くが、2042年にピークを迎えた後は減少に転じるとされている。しかし、高齢化率は上昇を続け、65年にその割合は38・4%と、国民の約2・6人に1人が65歳以上になると推計されている。その結果、生産年齢人口(15歳以上65歳未満)の割合は低下し、65年には、65歳以上1人に対して生産年齢世代1・3人という比率になる。

この推計値どおりとはいかなくとも、国民の約3・6人に1人が65歳以上である2018年の状態と比べると、今後50年弱で、あっという間に超高齢化が進むだろうことは、想像に難くない。

それでも成長するためには

このように、急速に少子高齢化が進行する日本において、今後とも経済成長を志向するのであれば、労働力不足を補う移民の受け入れや技術革新による生産性の向上が求められるだろう。技術革新を促進するには、分野によって、外国人研究者の受け入れを視野に入れる必要も出てくる。ただ、移民の受け入れといっても、建設やサービス業などの労働力不足に力点を置くのか、研究分野に限って外国人を活用するのかによって、受け入れる外国人の数や性質が変わる。また、外国人に頼らずに、国産の技術を推進し、豊かな暮らしをすることも可能かもしれない。

一方、経済成長による利便性を追求する過程で、その恩恵からこぼれ落ちてしまう人たちがいる。外国人を受け入れると、経済が活性化したり、購買力が増加したりして、日本人が恩恵を受ける可能性は少なくない。ただ、国家全体として社会厚生が改善しても、雇用を奪われて賃金が低下する人たちもいる。また、住宅価格や地価が上昇する地域もあれば、下落する地域も出てくるかもしれない。こうした資産効果を通じて、土地などの資産所有者と非所有者の間で経済格差が拡大する懸念もある。

今のところ、移民の受け入れによって恩恵がある確証はなく、社会厚生が低下する可能性も否定されてはいない。すると、「倫理的には移民を受け入れるべきだが、生活様式の急激な変化を望まないので、現状を維持する」という立場もありえる。

もしくは、外国人の受け入れを拡大するのではなく、生産性を上げることで持続的な成長を達成する方針を支持する人もいるだろう。民族構成の急激な変化を望まないのであれば、将来、身のまわりの世話をするロボットに囲まれた生活というのもありえる選択肢だ。

しかし、外国人に頼らずに技術革新によって生活を改善したとしても、雇用や賃金が保証されるわけではない。新しい技術が、これまで人が行っていた仕事を奪ってしまう問題も盛んに議論されている。たとえば、アメリカのカリフォルニア州ロサンゼルスの港湾では、生産性向上のための自動化技術の活用を進めている。現場から離れた制御室で監視されるクレーンや荷役機を使ってコンテナの移動作業を自動化することに対して、現場で働く港湾労働者から反対も出ている。移民を受け入れた場合と同じような懸念（雇用問題）が指摘されているのだ。

現状維持、多文化共生、技術革新

一方で、経済成長ばかりに目を向けるのではなく、生活の質を充実させる方が大事だという考えもある。人間らしい生活としてのクオリティ・オブ・ライフ（QOL）を重視し、人とのつながりや精神的な余裕なども含めて、幸せな生き方を模索するものだ。こうした立場に立てば、経済成長はもう十分で、むしろ、いろいろな背景の人たちと共存し、新しい価値観を模索する方が、より良い生き方につながるかもしれない。

議論を単純化すれば、今後の社会の方向性は、変化を望まない「現状維持」、移民を受け入れる「多文化共生」、AI・ロボット社会を推進する「技術革新」に分類される。そして、どのような目標を掲げるかによって、志向する社会の方向性が変わってくる。たとえば、持続的な経済成長を目指すのであれば、現状維持よりも、多文化共生や技術革新の社会の方が適しているだろう。予想される人口構造のもとでは、今後とも経済を成長させ続けることは難しいからだ。

もちろん、現実ではすべての変化が同時進行して起こるので、この三つのうち、どれか一つを選ぶというわけではない。結局、どの側面に比重を置くかという議論になる。そして、その議論に一つの正解はない。自身が置かれている立場によって、生活に与える影響は異なるはずだ。そのため、それぞれが望ましいと思う未来は違ってくるだろう。

アメリカでの体験

私個人としては、みんなが同じであることを前提に連帯する社会ではなく、一人一人が違うことを尊重しながら、お互いを信頼し助け合えるような社会を予感している。パットナムが述べていたように、外集団（外国人）を内集団（日本人）のように変えるのではなく、新しい意味での「日本居住者である私たち」という意識が生まれるのではないかと想像している。移民の受け入れに、ある程度、楽観的な考えを持っているのだ。

こうしたモノの見方には、アメリカでの生活体験に負うところが大きいだろう。いろいろな国の人たちとの交流に、ダイナミズムを感じたからだ。自分とは違った考え方に戸惑いつつも、切磋琢磨して目標に向かい続けることで、生きていることを実感した。なんとなく生きていけるように感じていた日本での生活とは大違いである。正直、毎日が大変なことの連続で、人知れず涙を流したことも一度や二度ではない。しかし、振り返ってみると、充実した日々であったと思う。それもひとえに、支えてくれる素敵な人たちに出会えたおかげだと感謝している。

私の知っているアメリカは懐の深い国だった。第5章でも述べたように大学の授業料は大変高額だが、博士号取得までの授業料の免除だけでなく、生活費に相当する金額も支給してくれた。総額にすると何千万円ものお金が、無償で私に投資されたことになる。

また、アメリカの環境は、能力を正当に評価してくれた。多くの留学生がアメリカの大学への就職を希望するにもかかわらず、そのほとんどが夢半ばで帰国しまう。そのなかで、いくつもの著名な大学で働く機会を得たことは貴重な経験だった。外国人として、よい扱いを受けたわけだ。数学やコンピューターの知識など、技術的には自分より優れた候補が多くいたので不思議だったが、自分には物事に対する独自の洞察力があることを気づかせてくれた。日本にいたままでは分からなかったことだ。

得られるもの、失うもの

移民の受け入れには、いろいろな側面がある。経済学の分析にはなじまず、本書では触れていない論点もある。前述の個人的体験のように、多様な民族がいる生活環境には、ワクワクする躍動感がある。そのなかでいろいろな気づきがあり、自らが成長するきっかけをくれる。そして、それを可能にしたのは周囲の人々に恵まれたおかげだ。

しかし、こうした要素は、経済学研究が示す典型的な損得勘定では測ることはできない。経済学の歴史は他の学問分野と比べると浅く、まだまだ発展途上の分野である。その重要性にもかかわらず、取り扱われていない要素も多い。また、経済学では、現実の骨子を抜き出してモデルにする過程で、いろいろな仮定が設けられる。このため、モデルの仮定によって、結論が変わることもある。一般に思われているほど、経済学の研究成果は完璧《かんぺき》ではない。現在の経済学の限界は、ある程度分かっているつもりだ。

では、これまでの研究成果が無意味かというと、そうでもない。少なくとも、移民によって全員が受益者となるケースはあまりないことが分かる。生活が改善する人がいる一方で、悪化する人もいることは確かだ。たとえば、多くの移民を活用したノルウェーの建設業では、建設関連価格の高騰が抑制されて消費者には便益があった一方、国内の労働者が離職し、その半数が収入の記録がなかったり、生活保護を受けていたりした。

こうした議論を通して浮かび上がるのが、移民と競合する市民の特徴である。単に、「雇用を奪う移民対奪われる市民」という対立構図ではなく、その関係性を整理する重要なヒントをくれる。移民と競合して不利益を被るのは、社会的弱者である場合が多い。ノルウェーの建設業の例では、雇用が脅かされたり、賃金が低下したりしたのは、技能水準が高くなく、賃金の低い建設作業員であった。研究者のような高度人材の場合も同様である。アメリカの事例では、すべての研究者に一様に影響があったわけではなく、他国に比べて遅れている分野の研究者が職を追われていた。

言葉は良くないが、誰が受益者となり、誰が被害者となるのか。こういった陰鬱で繊細な問題にも目を背けることなく、しっかりと考えていく必要が出てくる。もし、率先して変化を推進するのであれば、私たちにはこうした可能性を受け入れる覚悟が必要なのだ。政治家がよく口にするWin-Win（ウィン・ウィン）となることはあまりない。

最後になるが、得られるものと失うものをきちんと認識したうえで、将来どのような社会を築きたいのか、改めて考えてみてほしい。毎日の業務に忙殺されて、そんなことを悠長に考えている余裕はないと思う方もいるだろう。しかし、一度どちらかの方向に舵《かじ》を切ると、後戻りするのは難しくなる。後になって後悔しても遅いのだ。

どのような社会を築くか？　最終的には私たち次第だ。ここは少し立ち止まって、確認すべきときではないだろうか。元号も変わり、新しい時代の幕開けとなる。私たちが志向する未来はどのようなものだろう。本書を読み終えたみなさんのなかには、みなさんなりの未来のイメージがわいてきているはずだ。少しでもそうした社会に近づけるように願いつつ、本書の結びとしたいと思う。

あとがき

移民の受け入れは、現在、もっとも関心の高い政策問題の一つだ。私たちの日常生活に大きな影響があるかもしれないからである。

本書では、近年の経済学における主要な研究成果を概観しながら、いろいろな論点を見てきた。雇用や賃金(労働経済)から始まり、経済成長や物価(マクロ経済)、貿易や直接投資(国際経済)について考察するだけでなく、税や社会保障負担(財政)、科学技術(産業組織)にまで議論を広げ、最後には、治安や文化(制度の経済)にも触れている。

これらはすべて、移民への関心の高まりとともに、近年急速に研究が進展した論点だ。一口に移民といっても、問題が多岐にわたるのが分かる。ただ、ここで紹介した研究は、すべてにおいて、移民を受け入れる市民の立場から、その影響を考察しているのが特徴だ。

本書には、新たな社会の方向性を模索するなかで、参考となる内容が盛り込まれている。もちろん、過去や海外の事例が、そのまま日本に当てはまるとはいわない。研究対象が、日本の状況と同じとは限らないからだ。それならば、日本のデータを使ったシミュレーションを行えばよいと思われるだろう。しかし、現在の政策予測の精度を考えると、こうした試算はあくまで参考程度にすぎないのが現状だ。

では、これまでの研究が無意味かというとそうでもない。短期的な影響は、長期的な影響と違うはずだ。また、生活が改善する人もいれば、悪化する人もいることを教えてくれる。期間や立場によって、外国人労働者が私たちの生活に与える影響は異なる。このため、一時的には、モノが安くなってよいかもしれないが、長い目で見ると、市民間で居住地の住み分けのような経済格差が起こる危惧もある。

一度、受け入れの拡大に舵を切ると、元の状況に戻るのは難しくなる。後になって、口当たりのよいセールストークに踊らされたと後悔しても遅い。外国人労働者の受け入れには、その良い面と悪い面を十分に理解したうえで、建設的な議論が行われることを望む。

本書では移民に焦点を当てているが、そこから派生して、日本が抱えるいろいろな問題(たとえば、働き方改革や人との関わり方など)が浮かび上がってくる。経済成長を目標とすることが、今の私たちの生活にとって、どれだけ大事なことなのだろう。また、人とのつながりが希薄になると、私たちを取り巻く環境はどうなるのだろうか。本書を読んだことで、私たちが目指す社会の方向性を考えるきっかけにでもなればと思っている。

今後、私たちは、増え続けるかもしれない外国人とどのように向き合っていけばよいのか。外国人労働者の受け入れはバラ色な側面ばかりではない。しかし、その可能性を想定していれば、あらかじめ対応策を考えることもできる。

きちんと準備をしたうえで、受け入れに舵を切るのであれば、新しい共生社会の構築が容易になるだろう。もちろん、これ以上生活の急変を望まないので現状を維持する、というのも一つの選択肢だ。いずれにしても、なんとなく流されるのではなく、自ら判断をする姿勢が大事なのではないだろうか。それが、未来の社会の構成員である私たちの責任ではないかと思っている。

最後になるが、簡潔で分かりやすい文章になるように、多くのコメントをいただいた編集部の田中正敏さんに、厚くお礼を申し上げる。新書のスタイルに不慣れだった私の文章に、根気よく付き合っていただいた。また、研究者としての私を育ててくれたアメリカに、心から感謝の意を表したい。かの国には、多様性を受容しながら、常に前進しようとするダイナミックな風土を、いつまでも持ち続けてほしいと願っている。

２０１９年９月

友原章典

9　Borjas, G.J. and K.B. Doran, 2012, The Collapse of the Soviet Union and the Productivity of American Mathematicians, *The Quarterly Journal of Economics* 127(3), 1143-1203.

10　Fisman, R. and E. Miguel, 2007, Corruption, Norms, and Legal Enforcement: Evidence from Diplomatic Parking Tickets, *Journal of Political Economy* 115(6), 1020-1048.

11　Borjas, G.J., 2016, *We Wanted Workers: Unraveling the Immigration Narrative*, New York: W.W. Norton & Company（ジョージ・ボージャス〔2018〕『移民の政治経済学』「第4章 移民の自己選択」白水社）.

第6章

1　Putnam, R.D., 2007, E Pluribus Unum: Diversity and Community in the Twenty-first Century The 2006 Johan Skytte Prize Lecture, *Scandinavian Political Studies* 30(2), 137-174.

2　Abascal, M. and D. Baldassarri, 2015, Love Thy Neighbor? Ethnoracial Diversity and Trust Reexamined, *American Journal of Sociology* 121(3), 722-782.

3　Bell, B., F. Fasani, and S. Machin, 2013, Crime and Immigration: Evidence from Large Immigrant Waves, *The Review of Economics and Statistics* 95 (4), 1278-1290.

4　Ousey, G.C. and C.E. Kubrin, 2018, Immigration and Crime: Assessing a Contentious Issue, *Annual Review of Criminology* 1, 63-84.

5　Miles, T.J. and A.B. Cox, 2014, Does Immigration Enforcement Reduce Crime? Evidence from "Secure Communities," *The Journal of Law and Economics* 57(4), 937-973.

6　Baker, S.R., 2015, Effects of Immigrant Legalization on Crime, *American Economic Review* 105(5), 210-213.

7　Abubakar, I., et al., 2018, The UCL-Lancet Commission on Migration and Health: The Health of a World on the Move, *Lancet* 392, 2606-2654.

8　Aldridge, R.W., et al., 2016, Tuberculosis in Migrants Moving from High-Incidence to Low-Incidence Countries: A Population-Based Cohort Study of 519955 Migrants Screened Before Entry to England, Wales, and Northern Ireland, *Lancet* 388, 2510-2518.

9　Scheve, K.F. and M.J. Slaughter, 2001, Labor Market Competition and Individual Preferences over Immigration Policy, *The Review of Economics and Statistics* 83(1), 133-145.

10　Mayda, A.M., 2006, Who is Against Immigration? A Cross-country Investigation of Individual Attitudes Toward Immigrants, *The Review of Economics and Statistics* 88(3), 510-530.

11　Richey, S., 2010, The Impact of Anti-Assimilationist Beliefs on Attitudes Toward Immigration, *International Studies Quarterly* 54, 197-212.

Journal of Urban Economics 61(2), 345-371.
5 Akbari, A.H. and Y. Aydede, 2012, Effects of Immigration on House Prices in Canada, *Applied Economics* 44(13), 1645-1658.
6 Sá, F., 2014, Immigration and House Prices in the U.K., *The Economic Journal* 125(587), 1393-1424.
7 Saiz, A. and S. Wachter, 2011, Immigration and the Neighborhood, *American Economic Journal: Economic Policy* 3(2), 169-188.
8 Dustmann, C. and I. Preston, 2007, Racial and Economic Factors in Attitudes to Immigration, *B.E. Journal of Economic Analysis and Policy* 7(1), 1-41.
9 Dustmann, C. and T. Frattini, 2014, The Fiscal Effects of Immigration to the U.K., *The Economic Journal* 124(580), F593-F643.
10 The National Academies of Science・Engineering・Medicine, 2017, *The Economic and Fiscal Consequences of Immigration*, Washington DC: The National Academic Press.
11 İmrohoroğlu, S., et al., 2017, Can Guest Workers Solve JAPAN's Fiscal Problems? *Economic Inquiry* 55(3), 1287-1307.

第5章
1 Peri, G., 2012, The Effect of Immigration on Productivity: Evidence from U.S. States, *The Review of Economics and Statistics* 94(1), 348-358.
2 Stuen, E.T., A.M. Mobarak, and K.E. Maskus, 2012, Skilled Immigration and Innovation: Evidence from Enrollment Fluctuations in US Doctoral Programs, *The Economic Journal* 122(565), 1143-1176.
3 Kerr, S.P., W.R. Kerr, and W.F. Lincoln, 2015, Skilled Immigration and the Employment Structure of US Firms, *Journal of Labor Economics* 33(3), S147-S186.
4 Kerr, S.P. and W.R. Kerr, 2013, Immigration and Employer Transitions for STEM Workers, *American Economic Review: Papers and Proceedings* 103(3), 193-197.
5 Kerr, W.R. and W.F. Lincoln, 2010, The Supply Side of Innovation: H-1B Visa Reforms and U.S. Ethnic Invention, *Journal of Labor Economics* 28(3), 473-508.
6 Peri, G., K. Shih, and C. Sparber, 2015, STEM Workers, H-1B Visas, and Productivity in US Cities, *Journal of Labor Economics* 33(3), S225-S255.
7 Waldinger, F., 2010, Quality Matters: The Expulsion of Professors and the Consequences for Ph.D. Student Outcomes in Nazi Germany, *Journal of Political Economy* 118(4), 787-831.
8 Waldinger, F., 2010, Peer Effects in Science: Evidence from the Dismissal of Scientists in Nazi Germany, *The Review of Economic Studies* 79(2), 838-861.

International Royalty Receipts? Evidence from the U.S., *Applied Economics Letters* 26(9), 759-764.

6　Tomohara, A., 2019, Migrant and Business Network Effects on Intellectual Property Trade: Evidence from Japan, *Economic Analysis and Policy* 62, 131-139.

7　Tomohara, A., 2017, Does Immigration Crowd Out Foreign Direct Investment Inflows? Tradeoff Between Contemporaneous FDI-immigration Substitution and Ethnic Network Externalities, *Economic Modelling* 64, 40-47.

8　Foad, H., 2012, FDI and Immigration: A Regional Analysis, *The Annals Regional Science* 49(1), 237-259.

9　Tomohara, A., 2016, Japan's Tourism-led Foreign Direct Investment Inflows: An Empirical Study, *Economic Modelling* 52(B), 435-441.

第３章

1　Kaestner, R. and N. Kaushal, 2012, Effect of Immigrant Nurses on Labor Market Outcomes of US Nurses, *Journal of Urban Economics* 71(2), 219-229.

2　Cortés, P. and J. Pan, 2014, Foreign Nurse Importation to the United States and the Supply of Native Registered Nurses, *Journal of Health Economics* 37, 164-180.

3　Bratsberg, B. and O. Raaum, 2012, Immigration and Wages: Evidence from Construction, *The Economic Journal* 122(565), 1177-1205.

4　Cortés, P. and J. Tessada, 2011, Low-Skilled Immigration and the Labor Supply of Highly Skilled Women, *American Economic Journal: Applied Economics* 3(3), 88-123.

5　Acemoglu, D., D.H. Autor, and D. Lyle, 2004, Women, War, and Wages: The Effect of Female Labor Supply on the Wage Structure at Midcentury, *Journal of Political Economy* 112(3), 497-551.

6　Furtado, D. and H. Hock, 2010, Low Skilled Immigration and Work-Fertility Tradeoffs Among High Skilled US Natives, *American Economic Review* 100(2), 224-228.

第４章

1　Cortes, P., 2008, The Effect of Low-Skilled Immigration on U.S. Prices: Evidence from CPI Data, *Journal of Political Economy* 116(3), 381-422.

2　İmrohoroğlu, S., et al., 2017, Can Guest Workers Solve JAPAN's Fiscal Problems? *Economic Inquiry* 55(3), 1287-1307.

3　Zachariadis, M., 2012, Immigration and International Prices, *Journal of International Economics* 87(2), 298-311.

4　Saiz, A., 2007, Immigration and Housing Rents in American Cities,

註　記

第1章

1　Card, D., 1990, The Impact of the Mariel Boatlift on the Miami Labor Market, *Industrial and Labor Relations Review* 43(2), 245-257.

2　Borjas, G.J., 2016, *We Wanted Workers: Unraveling the Immigration Narrative*, New York: W.W. Norton & Company（ジョージ・ボージャス〔2018〕『移民の政治経済学』「第7章 労働市場への影響」白水社）.

3　Borjas, G.J., 2003, The Labor Demand Curve Is Downward Sloping: Reexamining the Impact of Immigration on the Labor Market, *Quarterly Journal of Economics* 118(4), 1335-1374.

4　Borjas, G.J., R.B. Freeman, and L.F. Katz,1997, How Much Do Immigration and Trade Affect Labor Market Outcomes? *Brookings Papers on Economic Activity* 1, 1-67.

5　Borjas, G.J., 2006, Native Internal Migration and the Labor Market Imperfect of Immigration, *Journal of Human Resources* 41(2), 221-258.

6　Card, D., 2009, Immigration and Inequality, *American Economic Review: Papers and Proceedings* 99(2), 1-21.

7　Ottaviano, G.I.P. and G. Peri, 2012, Rethinking the Effect of Immigration on Wages, *Journal of the European Economic Association* 10(1), 152-197.

8　Borjas, G.J., J. Grogger, and G. Hanson, 2008, *Imperfect Substitution Between Immigrants and Natives: A Reappraisal*, National Bureau of Economic Research Working Paper no. 13887.

9　Dustmann, C., U. Schönberg, and J. Stuhler, 2016, The Impact of Immigration: Why Do Studies Reach Such Different Results? *Journal of Economic Perspectives* 30(4), 31-56.

10　Ottaviano, G.I.P., G. Peri, and G. Wright, 2013, Immigration, Offshoring, and American Jobs, *American Economic Review* 103(5), 1925-1959.

第2章

1　Clemens, M.A., 2011, Economics and Emigration: Trillion-dollar Bills on the Sidewalk? *Journal of Economic Perspectives* 25(3), 83-106.

2　Borjas, G.J., 2015, Immigration and Globalization: A Review Essay, *Journal of Economic Literature* 53(4), 961-974.

3　Gould, D.M., 1994, Immigrant Links to the Home Country: Empirical Implications for U.S. Bilateral Trade Flows, *The Review of Economics and Statistics* 76(2), 302-316.

4　Head, K. and J. Ries, 1998, Immigration and Trade Creation: Economic Evidence from Canada, *Canadian Journal of Economics* 31(1), 47-62.

5　Tomohara, A., 2019, Do Migrant and Business Networks Promote

友原章典（ともはら・あきのり）

1969年，東京都生まれ．2002年，ジョンズ・ホプキンス大学大学院よりPh.D.（経済学）取得．世界銀行や米州開発銀行にてコンサルタントを経験．カリフォルニア大学ロサンゼルス校（UCLA）経営大学院エコノミスト，ピッツバーグ大学大学院客員助教授およびニューヨーク市立大学助教授等を経て，現在，青山学院大学国際政治経済学部教授．

著書『幸福の経済学』創成社，2013年
『国際経済学へのいざない（第2版）』日本評論社，2014年
『理論と実証で学ぶ　新しい国際経済学』ミネルヴァ書房，2018年
『実践 幸福学』NHK出版新書，2020年
など

移民《いみん》の経済学《けいざいがく》
中公新書 2575

2020年1月25日発行

著　者　友原章典
発行者　松田陽三

本文印刷　暁印刷
カバー印刷　大熊整美堂
製　本　小泉製本

発行所　中央公論新社
〒100-8152
東京都千代田区大手町1-7-1
電話　販売 03-5299-1730
　　　編集 03-5299-1830
URL http://www.chuko.co.jp/

Published by CHUOKORON-SHINSHA, INC.
Printed in Japan　ISBN978-4-12-102575-3 C1233

中公新書刊行のことば

一九六二年一一月

いまからちょうど五世紀まえ、グーテンベルクが近代印刷術を発明したとき、書物の大量生産は潜在的可能性を獲得し、いまからちょうど一世紀まえ、世界のおもな文明国で義務教育制度が採用されたとき、書物の大量需要の潜在性が形成された。この二つの潜在性がはげしく現実化したのが現代である。

いまや、書物によって視野を拡大し、変りゆく世界に豊かに対応しようとする強い要求を私たちは抑えることができない。この要求にこたえる義務を、今日の書物は背負っている。だが、その義務は、たんに専門的知識の通俗化をはかることによって果たされるものでもなく、通俗的好奇心にうったえて、いたずらに発行部数の巨大さを誇ることによって果たされるものでもない。現代を真摯に生きようとする読者に、真に知るに価いする知識だけを選びだして提供すること、これが中公新書の最大の目標である。

私たちは、知識として錯覚しているものによってしばしば動かされ、裏切られる。私たちは、作為によってあたえられた知識のうえに生きることがあまりに多く、ゆるぎない事実を通して思索することがあまりにすくない。中公新書が、その一貫した特色として自らに課すものは、この事実のみの持つ無条件の説得力を発揮させることである。現代にあらたな意味を投げかけるべく待機している過去の歴史的事実もまた、中公新書によって数多く発掘されるであろう。

中公新書は、現代を自らの眼で見つめようとする、逞しい知的な読者の活力となることを欲している。

経済・経営